順路 ☞

THE MUSEUM OF
WES ANDERSON

ウェス・アンダーソンの世界展

ヨハン・キアラモンテ & カミーユ・マチュー

The Museum of WES ANDERSON	日付	原稿
ウェス・アンダーソンの世界展	**1975**	展示カタログ

PART ONE/ONE	W/S
WSB32100080-350	1001

TABLE OF CONTENTS

004　I - メインエントランス

006　II - クローク
007　　ラシュモア校の制服
009　　J.L.W. のスーツケース
012　　ロビーボーイのユニフォーム
014　　マーゴの毛皮のコート
017　　黄色のジャンプスーツ
020　　ラクーンハット
024　　ホテル・シュヴァリエのバスローブ
028　　ビョルン・ボルグのウェア
032　　モンタナのブルージーンズ

036　III - ライブラリー
037　　シュテファン・ツヴァイク
040　　朝日新聞
042　　ロアルド・ダール
045　　J・D・サリンジャー
048　　演劇
051　　ピーター・パン
054　　ニューヨーカー誌
058　　ゼフィレッリのマニフェスト
063　　スージーの本

070　IV - ポートレートギャラリー
071　　スティーヴ・ズィスー
074　　ジャガーザメ
076　　ジョブリング
078　　ロイヤル・テネンバウム
082　　ムッシュ・グスタヴ
085　　「少年と林檎」の肖像画
087　　パトリシア・ホイットマン
090　　Mr. フォックス
092　　ローバック・ライト
096　　ハーマン・ブルーム
100　　チーフ

106　V - キッチン
108　　コーティザン・オ・ショコラ
110　　ダージリン急行の紅茶
112　　カフェ・ル・サン・ブラーグ

114　　寿司
116　　エスプレッソマシン
118　　タン
120　　ビーンのリンゴ酒
122　　アステロイド・シティのダイナー

128　VI - オーディトリアム
129　　「イエイエ」ムーブメント
132　　バラライカ
134　　ブリティッシュ・インヴェイジョン
136　　ベンジャミン・ブリテン作曲
　　　　　「青少年のための管弦楽入門」
138　　ベンジャミン・ブリテン作曲「ノアの洪水」
140　　オーディオ機器

146　VII - 秘密の部屋
147　　秘密の計画
151　　ル・パナシュ

156　VIII - 映写室
158　　サタジット・レイ監督「チャルラータ」
162　　ハル・アシュビー監督
　　　　　「ハロルドとモード／少年は虹を渡る」
164　　オーソン・ウェルズ監督
　　　　　「偉大なるアンバーソン家の人々」
168　　ジャック・ベッケル監督「穴」
170　　マイク・ニコルズ監督「卒業」
174　　フランシス・フォード・コッポラ監督
　　　　　「地獄の黙示録」
178　　チャック・ジョーンズのカートゥーン

184　IX - 旅行土産の展示室
186　　インド土産
192　　イタリア土産
195　　旧ズブロフカ共和国土産
199　　アンニュイ＝シュール＝ブラゼ土産
203　　ニューペンザンス島土産
206　　ニューヨーク土産
208　　海からの土産

214　X - ミュージアムショップ

展示キュレーター：

カミーユ・マチュー & ヨハン・キアラモンテ

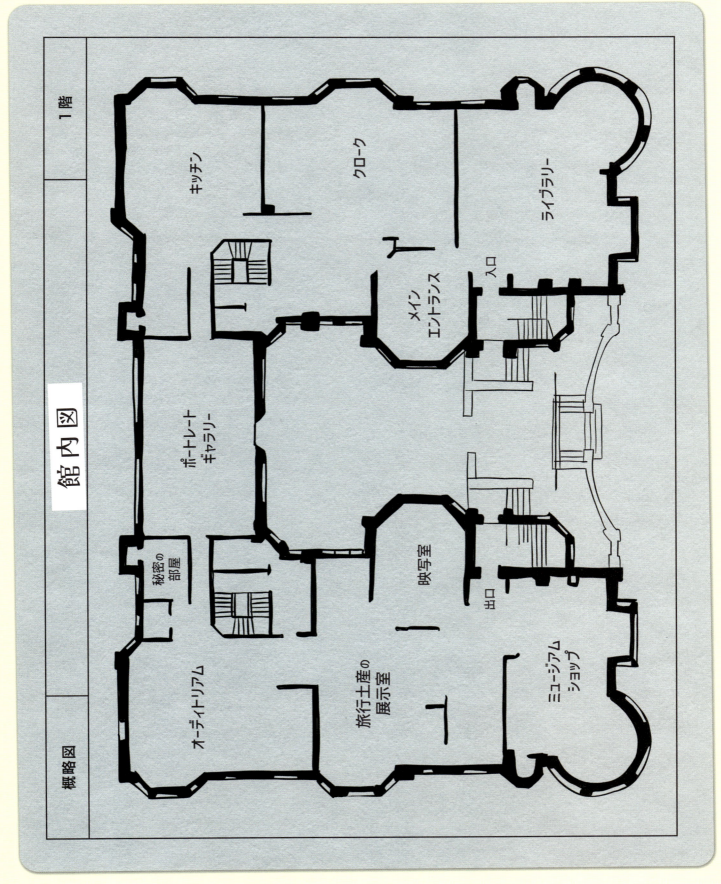

I
メインエントランス

1975 年。当空想博物館（イマジナリーミュージアム）は、アメリカの映画監督ウェス・アンダーソンに捧げる素晴らしい展示会を開催できることを嬉しく、誇らしく思う。映画ファンならきっと「好きな映画監督の頭の中がどうなっているか、探ってみたい」と夢見たことがあるだろう。さらに言えば、その頭の中を隅々まで探索して小さな秘密を見つけ、回廊をさまよい、宝の箱を発掘し、気ままに歩き回ってみたい、博物館を訪れるように……と願ったことがあるはずだ。アンダーソン作品は、豊富なディテール、巧みに描かれる豊かな世界、心を揺さぶる力によって、幻想的な散策へと鑑賞者を強く誘う。

すべてを網羅するものではないが、当博物館はこの展示において、批判を受けながらも進化・変異・変容を止めないアンダーソン監督と、その作品群の輪郭を描き出そうと試みている。形式上の特性については、すでに多くが語られている。空想的で古風な美学、一目でわかる特徴的な画面構成、すべてのショットに注ぎ込まれた無限のこだわり、まるで絵本のような画面、詰め込まれた小さな装飾品（プロップ）などだ。アンダーソンの映画は、密なディテールの芸術であり、見どころ満載であり、丹念に抽出した参照（リファレンス）の蓄積であり、マニアックな厳密さで配置された要素の集積である。こうした穏やかな狂気が、厳格に秩序立てられた無秩序の中にすっぽりと収まっている。そこに偶然は、存在しない。

キュレーターである私たちも広角レンズを捨て、アンダーソンの世界を彩るディテール、装備品、リファレンス、キャラクターに注目し、横断的な展示になるよう努めた。謙虚なアーキビストとなり、展示物のほこりを払い、リスト化し、カタログ化することで、本物の"空想博物館"にそれらを整然と配置することに最善を尽くす所存だ。

あなたが手にしているこの本は、展示カタログだ。このガイドツアーで、テキサス出身の映画監督アンダーソンの広大なイマジネーションの地図が浮かび上がるだろう。物理的な境界のない空想博物館は自由に歩き回れる。自在に形を変える建築は、あなたの興味に合わせて喜んで変貌する。遠慮なく壁を通り抜けてほしい。この場所に、不変のものはひとつもない。この展示ではたとえば、インド映画、フレンチポップス、高速で走る列車、ジャガーザメ、パンケーキ、毛皮の帽子、点滅しブーンブーンと音を立てる電子機器、絵葉書のように美しいイタリアの村々、そして神秘的な島々について知ることができる。

私たちはこの博物館の散策と、アンダーソンの映画制作とが、同じ体験になることを目指した。それは、遊び心があり、ディテールに富み、現実と虚構が混在する世界であり、広大あるいは無限とも思える世界だ。アンダーソン作品のすべてにおいて、現実と虚構は密に絡み合っている。私たちも現実と想像の世界、実在するものと実在し得るものとの間に橋を架ける必要があるだろう。最後に、この展覧会が1975年に開催されたことについて、とんでもない、ばかげている、不可能だ、と考える方々に尋ねたい。ウェス・アンダーソン監督そして作品の登場人物たちが、現実を考慮して行動をやめることなどあっただろうか？ ここでは、時間や物理の法則は適用されない。

さあ、旅に出よう。掛け値なしに面白いズィスー船長からクストー船長の海中冒険へ、グランド・ブダペストのケーキのようなホテルからシュテファン・ツヴァイクの「昨日の世界」へ、ニューヨーカー誌のページからフレンチ・ディスパッチ誌のコラムへ、ロード・ランナーのカートゥーンの砂漠から『アステロイド・シティ／Asteroid City』のテクニカラーの地平線へ。愛すべきスタイリストという見方は、監督の一側面にすぎない。海原へ漕ぎ出そう。そして『ダージリン急行／The Darjeeling Limited』の寝台車のニスを少しこそげ落とし、アンダーソンの海底世界の秘密に迷い込もう。

ウェス・アンダーソンの世界展へようこそ！

ガイドが次の部屋へご案内します……

II
クローク

入り口でチケットを拝見します。チケットにパンチで穴を開けてもらったら、カウンターに進み、上着やバッグ、帽子はカウンターの係員にお預けください。

空想博物館のクロークは普通のクロークではないことに、注目いただきたい。すべすべした毛皮のコートの隣に、タオル地（テリー織）のテニス用ヘッドバンドが掛けられている。ワッペンでいっぱいのボーイスカウトのユニフォームは真っすぐ折り目がつき、ベルボーイの紫のユニフォームの横に掛けられている。すべてが収まるべき場所に収まり、誰もが決まりの"ユニフォーム"を着用している。ウェス・アンダーソンの映画には偶然が入り込む隙などない。クロークにあるすべてのアイテムには、それぞれの物語、それぞれの深遠な意味、それぞれの空想や希望があり、強いトラウマに紐づいている。家族、集団、あるいは職業。キャラクターの個性や属性がユニフォームによって示されるアンダーソン作品では、コスチュームは大切な役割を果たす。通常の世界では服装は人の一側面を示すものでしかないが、アンダーソンの世界では、服装はその人そのものだ。身に着けているものがキャラクターを表していると信じてかまわない。いつでも赤い帽子をかぶっている人物がいれば、それは疑いもなく、ジャック・クストーの正当な後継者だ。ガイドツアーをはじめるにあたり、この素晴らしいアンダーソン流クロークの象徴的なアイテムをいくつか紹介していこう。

上等なスーツ（できればイタリア製）を着込んだら、分厚いカーペットの上をお進みください。

ラシュモア校の制服
卓越性の証

べっ甲のメガネ、こぎれいな青のオックスフォードシャツ、きちんと結ばれたストライプのネクタイ、地味な功績を示す2つの徽章(きしょう)で飾られた紺のブレザー。若きマックス・フィッシャーが深くかぶった真っ赤なベレー帽だけが、彼の整えられた頭髪の奥で荒れ狂う嵐の兆候を示している。名門ラシュモア校の生徒であることに大いなる誇りを持つマックスは、上等な制服を隙なく着こなしている。私立校のキャンパスで彼は模範生になること、解けない方程式を解くこと、教師たちから満場一致の称賛を受けること、そしてあわよくば尊敬を集める校長のひいきになりたいとさえ夢見ている。教室で一番優秀な生徒に"見せかける"努力はしているものの、マックス・フィッシャーの頭脳は学業面ではさっぱり働かない。やることはすべて行き当たりばったりで、平凡な(実際には悲惨な)成績を隠そうと、課外活動に精を出す日々を送っていた。

ともあれマックス・フィッシャーは、堂々と制服を着こなしている。ラシュモアという名門校に身も心も"属している"と自負しているからだ。マックスの制服には象徴的な意味が込められている(アンダーソンの世界ではよくあることだ)。労働者階級出身のマックスは、文才によって奨学金を授与され、名門ラシュモアの門をくぐることができた。それはまた、彼が行っているたくさんの課外活動のひとつ、演劇の脚本を書くことにつながっている。生まれ育った家柄のおかげでラシュモア生らしく見える学友たちとは異なり、マックスは"ここにいる資格がある"人間だと証明し続ける必要がある。学業成績でそれを証明できないマックスにとって、きちんとアイロンのかかったシャツを着ることや家庭環境を偽ることは、重要というよりも、"体裁を

Max Fischer
RUSHMORE ACADEMY
EXT.23

保つ"ために絶対不可欠なのだ。ところが制服姿のマックスはほかの生徒たちに溶け込むどころか、場違いなほど目立っている。理由は単純で、そんな風に制服を着ているのは彼だけだからだ。強制ではなく自らの意思で制服を着用するマックスは、ありのままの姿ではなく、自分が"そうありたいと願う"若者を装っているのだ。

マックス・フィッシャーの服装(外見)の変遷は、彼のアイデンティティ(内面)の探求、そして大人になる過程での経験の旅を象徴している。ラシュモア校から一方的に退学を命じられると、マックスが思い描いていた人生設計は根底から揺さぶられる。ラシュモアの上品な制服を脱ぎ、公立学校の教室に戻るしかない少年にとって、このできごとは真のアイデンティティ・クライシスのはじまりだ。それは服装にそのまま表れる。マックスはやがて質素な床屋を営む父親のそばに戻り、父の職業、そして服装を引き継ぐ。本来の社会的地位と家業を受け入れたマックスは、毛皮の帽子と分厚い茶色のコートを身に着け、大きい魔法瓶を抱えている。それは、彼の"おやじ"と同じ姿だ。若きマックスは、自分がそうありたい人物の服装ではなく、捨て去りたい人物の服装を身に着けることになった。

大人への変容の苦悩と、表面的な社会的成功に執着する社会で"自分自身"になることの難しさを描いた映画『天才マックスの世界／Rushmore』は、思春期のはじまりから、さまざまな試練との遭遇へと、観客を誘う。そしてついに、マックスはありのままの自分を受け入れる。そのとき彼は、ようやく社会の画一性(ユニフォーム)から解放される。この解放もまた、新しい服装によって示される。フォレストグリーンのベルベットのスーツに淡いピンクの蝶ネクタイ。この映画の監督を投影しているようではないか。ウェス・アンダーソンにとって、そしてマックス・フィッシャーにとって、本当の自分でいることの方がずっと心地よいのだ。

J.L.W. のスーツケース
お荷物

フランス語で「プリエ・バガージュ(plier bagage)」とは、文字通り「カバンに荷物を詰める」以上に、「去る、逃亡する」「飛び立つ、一目散に逃げ出す」ことを意味する。口語的な文脈では「死」を意味する場合もある。この最後の意味こそ、謎の人物 J.L.W. に当てはまる。たくさんのトランクやバッグ、スーツケースはどれも同じイニシャルが刻まれている。短編映画『ホテル・シュヴァリエ／Hotel Chevalier』のエンドクレジットによると、1つひとつに番号が振られたこれらのアイテムは、フランスの啓蒙思想家であり哲学者フランソワ・ヴォルテールによって作られた唯一無二のコレクションだという。実際はルイ・ヴィトンのためにマーク・ジェイコブスがデザインしたこれらのバッグは、表面にあしらわれたモチーフが興味をそそる。定番のモノグラムではなく、"野生動物"のプリント。これを描いたイラストレーターのエリック・チェイス・アンダーソンは、アンダーソン監督の実の弟だ。

キャメルのレザーの上でチーター、ゾウ、シマウマといった野生動物たちが四肢を伸ばし、何かに突き動かされるように、その場にとどまったまま、無心に走っている。この印象的なバッグの山が、ホイットマン家の家長の姿を浮かび上がらせる。フルネームは明かされぬまま、3文字のイニシャル「J.L.W.」だけが示される。父親は全編にわたって一度も登場せず、彼の人となりは持ち物によって語られるのみだ。カミソリ、特注の度付きサングラス、スポーツカー

の鍵、そして3人の息子たちに遺された、あり得ないほどのバッグの山。フランシス、ピーター、ジャックの3兄弟の争いの種になる品々は、いつでも彼らと一緒だ。まるでお守りを身に着けているかのように。この旅は精神の休息という形をとってはいるが、不意打ちのようにはじまった(フランシスが旅の理由を詳しく話すこともない)。「これほど大量の荷物を運ぶのはなぜだろう?」と、観客が疑問を抱くのは当然だ。存在感の大きすぎるスーツケースは、ダージリン急行の狭い客室には不釣り合いだ。兄弟にとっては間違いなくやっかいな代物だ。スーツケースを引きずってベンガルの荒野を進むシーンでは、それが特にはっきりする。

息子たちは揺るぎない決意をもって"重い荷物"を運ぶが、その背後には荷物が象徴する"負担"の意味を汲み取れる。父の葬儀以降、互いを慎重に避けてきたフランシス、ピーター、ジャックのホイットマン兄弟にとってこの旅は、別れの悲しみを癒す内なる旅なのだ。自分の傷を受け入れたフランシスは、「まだ治療が必要だな」と、愛する父を失った悲しみが残っていることをしぶしぶ認める。"不在"となった父の影にとりつかれている兄弟にとって重い荷物は、乗り越えることのできない悲しみの重さを表しているのだ。その重荷に参りそうになりながらも、彼らは前に進もうとする。しかし、その努力が実を結ぶことはない。英語には

「To come with baggage（重荷を伴う、悩みを抱える）」という言い方があるが、この"baggage"は、消すことのできないトラウマや不幸な経験が詰まった、誰もが抱える心の"お荷物"を指している。ホイットマン兄弟の状況には、この言葉がぴったり当てはまる。比喩がそのまま"荷物"として具現化されているのだ。この大切な荷物は、象徴として機能してはいるものの、中身が明かされることはない。冒険に満ちた和解と受容の旅の終わりになってはじめて、3兄弟は荷物を手放す。帰りの列車ベンガル・ランサー号に乗り込もうと、動きはじめた列車を猛ダッシュで追いかけ、駅のプラットフォームにスーツケースやバッグを投げ捨てる。スローモーションで映し出されるその狂気じみたレースを走る兄弟の姿は間違いなく、野生動物だ。そのレースは最高潮に達したところで終わりを迎える。この3匹の野良猫たちにとって幸いなことに、これは逃げるためではなく、家に帰るための全力疾走なのだ。⚘

11

ロビーボーイのユニフォーム
めかしこむ

1932年。大戦間期、ズブロフカ・アルプスの雪景色を見下ろすように建つ壮麗なグランド・ブダペスト・ホテルは、最後の栄光の日々を送っていた。衰退しかけたヨーロッパ大陸の貴族階級にとって、まぎれもない聖域であったグランド・ブダペスト・ホテル。そこではまるで蜂の巣のように、働き者の慎ましいスタッフたちが休むことなく動き回っていた。分厚い紫色のカーペットが敷き詰められた廊下を歩き回ったり、厨房で手早く昼食をとったり、孤独な資産家の未亡人の部屋に忍び込んだり。グランド・ブダペスト・ホテルのスタッフは、その礼儀正しさと完璧な紫のスーツですぐに見分けがつく。エレベーターアテンダント、コンシェルジュ、ウェイター、ベルボーイ。役割を問わず、例外なく全員が誇らしげにグランド・ブダペスト・ホテルの色を身に着けている。そのなか

でも、若く志の高いゼロ・ムスタファはひときわ真剣な表情でユニフォームを着用している。立ち襟のユニフォームは赤い縁取りが施され、ずらりとボタンが並び、縁なし帽には金色で大きく「LOBBY BOY(ロビーボーイ)」と刺繍されている。このホテルの世界では、常に服装がその人物を形成し、すべてのキャラクターが与えられた役を熱心に演じる。このようなホテルでは通常、詮索好きな客の目から隠れるために、スタッフは目立たない格好をするものだ。しかし光沢を放つこのユニフォームは、淡いピンクの内装にひときわ映え、強く目を引く。実際、スタッフこそが壮大なグランド・ブダペスト・ホテルの心臓部であり、消えゆく運命にある世界の最後の守護者であることは、観客の目にも明らかだ。

ロビーボーイのコスチュームを身に着け、(洗練の象徴である)エロール・フリン風の細い口ひげを不器用に描くゼロは、移民してきたこの国で、単なる生計手段以上の仕事を見つけた。使命感で結ばれた、代理家族の一員になったのだ。「なぜロビーボーイになりたいんだね？」とムッシュ・グスタヴが尋ねる。するとゼロ・ムスタファは「だって、なりたくない人がいますか？」と率直に答える。ムッシュ・グスタヴが質素な出自であろうことも、ゼロ・ムスタファの身分証明書が法的に怪しげであることも、さしたる意味を持たない。華やかなグランド・ブダペスト・ホテルのユニフォームを身に着けた瞬間、彼らは別の時代のルールに支配された別世界の住人となり、外界から隔絶された世界の一員となる……だが、いつもそうとは限らない。ルッツへ向かう線路脇に立つ兵士を見たムッシュ・グスタヴは、彼らの暗い色の冴えないユニフォームに愕然とし、軽蔑を込めて悠然とあしらう。

外界には、陰気な灰色のユニフォームを身に着けた全体主義がはびこっている。一方、華やかなコンシェルジュのムッシュ・グスタヴはホテルの地位を保とうと懸命に動き回っている。優雅さは野蛮に対する最後の防波堤となり、詩は戦争の恐怖に対抗する手段となる。理想主義者のムッシュ・グスタヴにとっても、名高いグランド・ブダペスト・ホテルにとっても、これは負け戦であり、両者ともに歴史の波に飲み込まれていく。

長い年月を経た後、老朽化したホテルでゼロ・ムスタファはかつての戦友を想い返す。「正直、彼の世界は彼が入って来るずっと前に消えていたと思う。しかし彼は、素晴らしい優雅さでその幻を維持していたよ」。亡くなった恋人、友人のムッシュ・グスタヴ、そしてホテルのかつての栄光を偲びながら、人生の黄昏を迎えたゼロ・ムスタファは、グランド・ブダペスト・ホテルの驚くべき冒険を語るのだった。そんな彼がまとうのは、過ぎ去った日々を思わせる、深い紫色のベルベットのジャケットだ。🗝

マーゴの毛皮のコート
テネンバウム家の謎

「彼女は毛足の揃ったラクーンコートを着ていた。顔ではのんびりを装ったレーンは足早に彼女に近づきながら、『プラットフォームにいる者で、フラニーのコートについて本当に知っているのは自分だけだ』と、興奮を抑えつつ自分に言い聞かせた。かつて、借りもののクルマの中でフラニーと30分ほどキスを交わした後、まるでそれが最高に愛おしい、彼女自身の有機的な延長であるかのように、彼女のコートの襟にキスをしたことを思い出していた」。[1] これはJ・D・サリンジャーの著書「フラニーとズーイ」で、毛皮のコート姿のフラニーが列車から降りてくる際の描写だ。彼女がやって来るのを見たレーンは、理性に反して動こうとする自らの体を抑えきれない。ある意味フラニー・グラスとマーゴ・テネンバウムは遠い親戚なのだ。この2人のニューヨーカーには共通点が多い。本と演劇を愛し、中毒的なチェーンスモーカーであり（マーゴ愛用のブランドは、その当時は存在しないはずの「Sweet Afton（スイート・アフトン）」）、乗り物でキスをするのが好き、そしてもうひとつが象徴的な毛皮のコートだ。実際、フラニーの"登場"の描写はあるシーンにぴったり当てはまる。ロングコートをまとったマーゴがグリーンラインのバスから降り立ち、義理の弟に会う場面だ。スローモーションで映し出される映像から、姉に対する弟の感情がはっきりと見て取れる。

マーゴの毛皮のコートも、彼女自身の"有機的な延長"と解釈できる。テネンバウム家の子どもたちはみな、ユニフォームのように同じ服を着ている。別の服に着替えるのは、ごくまれだ。映画で一瞬映し出されるマーゴのクローゼットには、艶やかな毛皮のコートがいくつかぶら下がっている。アンダーソンの映画では、キャラクターごとに決まった服装がある。エレベー

---

1. J.D. Salinger, Franny and Zooey, Back Bay Books, January 30, 2001.

ターアテンダントは慎ましいベルボーイ用の紫のスーツを着用し、テネンバウム家の人間はテネンバウム家のユニフォームを着用する。この奇妙な衣装は年を経ても変わることがなく、若いマーゴの屈折した心理状態をあらわにする。「『ザ・ロイヤル・テネンバウムズ／The Royal Tenenbaums』の"ユニフォーム"は、「テネンバウム家の子どもたちは、人生のピークが子ども時代にあった」という視点を強調する役割も果たしています。私たちは、10代の彼らを見た後に、いきなり30代の彼らに出会います。この物語のテーマのひとつは、「子ども時代の自分に、彼らがどうつながっているか」なのです」[2] と監督は話す。この空想博物館のガイドツアーでは、鏡合わせのゲームのように大人と子どもの役割が入れ替わる、アンダーソン映画特有の"秩序の混乱"についても触れていく。その混乱のなかで育った早熟な兄弟は、テネンバウム家の黄金時代の記憶ともつれあったまま、機能不全の大人に成長していく。

テネンバウム家の子どもたちのなかで唯一、マーゴの服装はそれほど突飛ではない。しかし、彼女が一般社会に馴染めないのだと、はっきり示してもいる。子ども時代は、この分厚い毛皮のコート（女性らしさの象徴であり、ぜいたくで官能的な想像の世界を具現化している）は、少女のきゃしゃな肩に重くのしかかっている。一方、ぜいたくな毛皮のコートは大人になったマーゴにはふさわしいが、それ以外がおかしなほど子どもじみて見えてくる。子どものころから履き続けるモカシン、丈が短すぎるラコステのカラフルな横縞ワンピース。このワンピースは、テニス選手であるリッチーへの秘めた想いの象徴だ。マーゴの無表情な顔をよく見ると、年をとっても特徴は変わらない。大きな淡い色の目は黒のアイラインで縁取られ、さらさらのブロンドヘアは少女らしい赤いプラスチックのクリップで留められている。キャラメル色の毛皮のコートを羽織り、タイムレスなエルメスのバーキンを腕に下げたマーゴは、洗練されているようでい

2.『ザ・ロイヤル・テネンバウムズ』プレス資料, Touchstone Pictures, 2001.

て、母親の服を着た子どもにしか見えない。エレガントなコートの下では、反抗的な魂が光を放っている。スモーキーなメイク、隠れてたばこを吸う悪癖、何度も繰り返した家出、そして秘密の冒険がその証だ。謎めいたマーゴは、変わり者の大胆なアイドルのようだ。マーゴがバスから降りてくるシーンでは、そんなアイドルのひとりニコ(Nico)が深く揺るぎない声で歌う「These Days」が流れる。

この作品では、小道具や衣装に対する監督のこだわりが存分に発揮されている。準備段階で、監督は重大な制約を課した。市販品は一切使用せず、すべてをつくるというのだ。[3] アンダーソンと衣装デザイナーのカレン・パッチが描いたスケッチやメモを元に、フェンディが制作したマーゴの"ユニフォーム"は、監督が構想したほかの多くのユニフォーム同様、それ自体が物語の要素となっている。テネンバウム家の兄弟たちの服装には、トラウマがはっきり示されている。リッチーは、キャリアの挫折の象徴であるビョルン・ボルグ風のテニス用ヘッドバンドを外すことはない。チャス一家のユニフォームはトラウマの大きさを物語る。妻の死後、チャスはバラバラの家族をひとつにするかのよう

に、全員に同じ服装を強制している。そうしなければ、目の前で家族が崩壊するのではないかと恐れているのだ。しかし、マーゴのユニフォームはさらに注目に値する。11歳のときに舞台に立った彼女は、縞模様の毛皮のコスチュームで傷ついたシマウマの役を演じた。このいわばトーテム・アニマル(氏族の象徴となる動物)は、テネンバウム家の3階にある、少女時代のマーゴの寝室の深紅の壁紙にも描かれている。注意深い観客なら、クローゼットに掛けられた毛皮のなかに、シマウマやヒョウなどのアニマルプリントを見つけるはずだ。マーゴの無気力な外見とはうらはらに、毛皮のコートの下には、野生の本能が隠れているのだ。無口でよそよそしく、自身の生活のすべてに極秘を貫くマーゴは、つかみどころのないキャラクターである。"謎"を暴こうと疑問を投げかけるのは野暮というものだ。しかし、謎の正体を明かすリスクを恐れずに言うと、矛盾をはらむマーゴのコスチュームは、その秀逸な矛盾ゆえに彼女を一種のオーラで包み続ける。つまり、この重厚な銅色の毛皮のコートは、マーゴ・テネンバウムが体現する謎を深めるアイテムなのだ。🗝

3. Mary Sollosi, "The Royal Tenenbaums costume designer looks back on dressing 'a family in decline'", Entertainment Weekly, 18 October 2021.

黄色のジャンプスーツ
素人強盗団

ディグナンが選んだ"仕事"服は、実に奇妙だ。鮮やかな黄色のジャンプスーツを着たディグナンと仲間たちは、金庫を狙って冷凍倉庫に押し入る。実家や地元の本屋で練習を重ねてきたアマチュアの犯罪者たちにとって、はじめての"大仕事"だ。言うまでもなく、このカナリア色のジャンプスーツには決定的な欠点がある。かなり目立つのだ。だが一方で、チームの結束力を高めるという、無視できないメリットもある。ディグナンにとってもウェス・アンダーソンにとっても、これはとても重要だ。初長編作『アンソニーのハッピー・モーテル/Bottle Rocket』でも描かれている、広い意味での「家族の一員であることへの欲求」は、監督が強く執着するテーマである。テネンバウム家のような血縁の家族もあれば、使命感による絆で結ばれた人々も、広義の家族にあてはまる。師弟関係で結ばれたコンシェルジュ、冒険心のもとに団結するカーキ色のボーイスカウトの子どもたち、方向を見失ったカリスマリーダー率いるオンボロ潜水艦の海洋学者の一団……。アンダーソン作品のキャラクターたちは、全世界から見放されたときにはじめて、自身が帰属するちっぽけで風変わりなコミュニティにしっかりと目を向ける。ディグナンはアンダーソン作品における最初の「大隊（＝家族）」の創設者だ。彼の所属欲求（やや強迫観念的な追求）は、このデビュー作以降、全フィルモグラフィーに共通する、監督の強いこだわりを予兆している。黄色は控えめな色とは言い難い。しかし、ディグナンはそんな細かいことに気が回る人間ではない……そして残念なことに、彼はこの作戦のブレーンだ。

ギャング映画から影響を受けたこの若者は、戦略家としては危険なほど無能だった。リスト、メモ、計画、物の数。そういったことにやたらとこだわり、周囲のごたごたをコントロールしているつもりなのだ。

走、実家での泥棒、金庫破り。2人が最初に手を染めた悪事は、真のゴッドファーザーになるまでの75年計画の序章に過ぎない。

そんなディグナンが強盗仲間の服装の見栄えに気をとられ、カモフラージュという"実用的"な側面を忘れても、驚くことではない。彼の冒険への渇望は尽きず、現実が真正面から襲っても弱まることはない。『アンソニーのハッピー・モーテル』はギャング映画として製作されたが、ギャング映画史上、最も無害かつ無益な強盗を描いた作品だということはすぐにわかる。本作はむしろ、失敗と無秩序を描いたスリリングなコメディだ。疲れ知らずのディグナンは、たぎるエネルギーの使いどころがわからず、自分と友人アンソニーのために無法者の人生を歩むことを決める。出入り自由な病院からの脱

落ち込んだアンソニー（この計画は破滅的な結果になるだろうと確信しているものの、友人のディグナンに歯向かう度胸も気力もない）を泥棒稼業に巻き込むには、尋常でないエネルギーが必要だ。実のところ、強盗がうまくいくかどうかよりも、仲間意識と作戦によって生じる熱意の方が重要なのである。謎のヘンリー氏の下でひとかどのギャング（代理家族）になるという約束が、家族が不在のこの若者たちを結び付ける（両親はスクリーンに一度も登場しない）。

クルーカットでゴーグルを首に掛けたディグナンは、爆音を響かせながらバイクでボブの家に乗りつけるが、ボブの兄たちからは嘲笑を

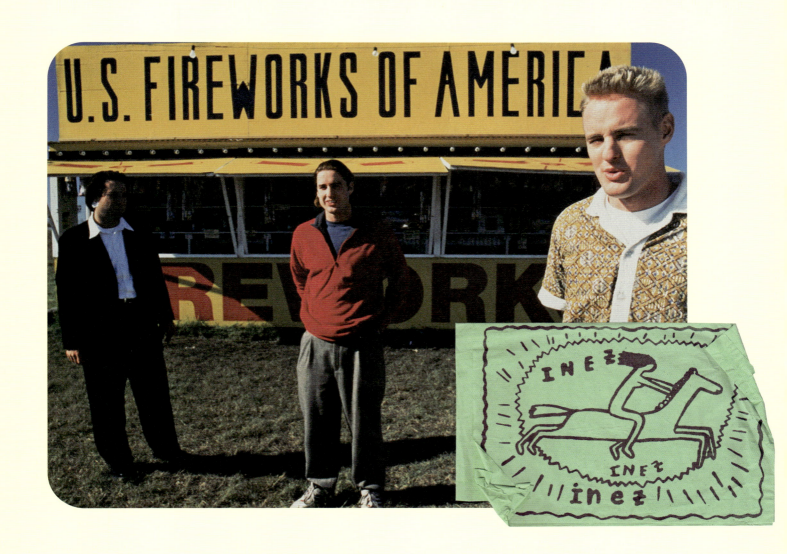

浴びせられる。この屈辱からディグナンを守るために、アンソニーは黄色のジャンプスーツを着ると決める。「気に入った？」ディグナンはアンソニーにジャンプスーツを見せ、期待を込めて尋ねる。「1ダース注文しておいたんだ」

ディグナンは思い込みの強い性格で、ジャンプスーツのボタンを襟元まで留めている。一方、寄せ集めの仲間たちはだらしない。自分のやっていることにあまり納得していない者によくある無頓着さだ。ついに計画が狂いだしたとき（失敗しない方がおかしいのだが）、ディグナンは本当の姿を表し、真のチームリーダーとして行動する。彼は、その行動が刑務所行きを意味するとしても、仲間を救うため、ためらわずに引き返す。そして、ディグナンの熱意は逮捕によって弱まるどころか、映画の最終章をハッピーエンドに変えてしまう。ワスコ刑務所に収監されているディグナンを訪ねたアンソニーとボブが見たのは、囚人服の白いジャンプスーツを着た友人の姿だった。強盗のときの派手な黄色のジャンプスーツそっくりの囚人服を、ディグナンは囚人仲間と一緒に嬉しそうに着ていた。

「でも、俺たちやり遂げたよな？」と彼は誇らしげに言う。犯罪者予備軍だったディグナンは、少なくとも法律上は本物の「犯罪者」になった。スローモーションで映し出される、手錠をかけられ、ひとかどの無法者のように堂々と歩き去る姿は、なんとも皮肉な（悪党への）賛美ではあるが、ともあれ賛美であることに変わりはない。アンソニーは答える。「ああ、俺たち、やったぜ」

ラクーンハット

冒険心

想像の世界を丸ごと運んでくる、子どものころの記憶をよみがえらせる、あるいはキャラクターの性格を瞬時に定義する。そんな強い喚起力をもつ衣装や小道具がある。長いふさふさの尾飾りがついたラクーンハット（アライグマの毛皮の帽子）は、間違いなくそんな魔法の小道具のひとつだろう。この印象的な帽子が即座に想起させるのは、デイヴィー・クロケットの姿だ。長い間、北米で最も人気のある人物のひとりとして語り継がれる歴史上の人物クロケットは、やがて伝説となり、歴史書から抜け出して民話の世界にも登場するようになった。しかし、クロケット人気が再燃したのは間違いなく、50年代半ばにABCで放送された、大きな耳のキャラクターで有名なスタジオ制作のテレビ番組がきっかけだった。デイヴィー・クロケット熱は瞬く間に全米に広がり、アトラクション、コミック、スピンオフ商品などが登場した。テレビ番組の成功を受け、ディズニーは、その伝説的人物を最大限に利用して金を引き出した。1960年、ジョン・ウェインが初監督作に選んだ題材もデイヴィー・クロケットで、自ら、アラモでの最後の戦いに向かうアメリカのヒーローを演じた。西部開拓時代のロマンあふれるイメージに後押しされ、デイヴィー・クロケットはアメリカの冒険家の象徴的な存在となった。

それから数年後の1965年晩夏、ニューイングランド沖の小さな島で、サム・シャカスキーという幼い少年が冒険ごっこに興じていたとしても不思議はない。大切な狩人の帽子をかぶったサムは、自分がアメリカ開拓者の象徴クロケットの末裔だと妄想する。ウェス・アンダー

ソンの映画では、まさに「服がその人を形づくる」。ラクーンハットをかぶれば、少年はたちまち完璧な冒険家に変身する。だが、多くの子どもたちが"ごっこ"遊びに興じる一方、アンダーソン作品に登場する少年、少女は真剣そのものだ。なり切ってしまう。

ここでスカウト隊員が戦場に突撃する壮大な攻撃シーンについて触れておこう。これはデイヴィー・クロケットが命を落としたアラモの戦いの縮小版であり、まったく信憑性のない形で再解釈したオマージュだ。子どものころから寸劇を演出していたアンダーソンは、アメリカの英雄クロケットを自ら演じたこともある。当時を振り返ったインタビューで、こう語っている。「アラモの戦いを劇にしましたが、壮大な戦争シーンでした。［……］なかにはまったく動きがない「5台のマセラッティ」という劇もありました。出演者全員が、マセラッティのシートに座りっぱなしなんです。私はいつも自分を一番いい役にキャスティングしていました。それも劇をつくりたい理由だったんでしょう」[1]。アンダーソンにとって本作が、自分が生まれたテキサスの歴史に向き合う機会だったことは

1. Phillip Zabriskie, "Who's Laughing Now?", Icon Thoughtstyle, September 1998.

確かだ。『ムーンライズ・キングダム／Moonrise Kingdom』における対決はやがて、草原での追いかけっこになる。ワイドショットで映し出される映像は、戦いというより、オリエンテーリングだ。この場のクライマックスで、サムが平和を求める魂の叫びを上げる。ネズ・パース族の族長ジョセフの有名な言葉の引用だ。「この地において、もはや永遠に戦わない！」

史実はさておき、アンダーソンはサムというキャラクターと騒々しいスカウト隊員が本当に魅せられていること、すなわち"冒険心"に焦点を当てている。アンダーソン作品に登場する多くのキャラクターがそうであるように、サムも冒険心の持ち主で、特に強くそれを体現している。この点においては監督自身も劣らない。アンダーソンの曽祖父は、大衆文化の象徴的なキャラクター「ターザン」の生みの親であるアメリカの作家、エドガー・ライス・バローズである。この物語でも、デイヴィー・クロケットからアイヴァンホー、ピーターパンまで、冒険小説が数多く引用される。実際、スカウト隊員たちは、ピーターパンの"ロスト・ボーイズ"そのものではないか。

しかし、ノーマン・ロックウェルの絵画から抜け出してきたようなこの小さなスカウトの社会で、何かが起こりつつあった。逃亡を決意したサムとスージーは、何事も運任せにはしない。彼らがチックチョー族の季節移動ルートを辿るのは、今や消え去った世界、つまり、人間社会から遠く離れた手つかずの野生の地で完璧な"純真さ"のまま生きられるかもしれないという空想を追い求めるためだった。この映画には、迫り来る破滅の予感が嵐の空のように重苦しく立ち込めている。これは、ナレーターが映画を通して善意でしつこく繰り返す嵐の話ではない。その嵐ならまだ害は少ない。『ムーンライズ・キングダム』には圧倒的な破滅感、純真さの喪失の予感が漂っている。サムとスージーの純真さの喪失である。やがて2人は大人の世界の混乱を受け入れる年齢に達する。それはケネディ大統領暗殺から2年後、遠くベトナムから戦争開始の一報を聞くアメリカの混乱と重なり合う。この文脈において、幼いスカウト隊員たちの無邪気な"軍事化"は奇妙に響く。大人への入り口では、"本物"の戦争が彼らを待ち受けている。現実の危険に直面したとき、デイヴィー・クロケットの背の高い猟師姿は、子どもたちの純真さをなおさら強く思い起こさせる。冒険に満ちた、輝く時代だ。夏がゆっくりと終わりを迎える、大西洋の真ん中に浮かぶ孤島の森の木陰。戦争が、子供たちの遊びにほかならなかった時代。

ホテル・シュヴァリエのバスローブ
心地よさに包まれて

宿泊客は客室に足を踏み入れた瞬間から、それを切望する。部屋にあっても、"ない"とフロントに苦情の電話をかける者もいる。そうすれば、スタッフが持ってきた余分の1着をこっそり持ち帰れるというわけだ。上等なコットンは、風呂上がりに羽織るには理想的な素材である。一日の仕事を終えた夕方や週末など、休息を祝う時間に身にまとう。毛布と同じく、少し大きいくらいがちょうどよい。その柔らかさ、暖かさにしっかり包まれたいと願う。まるでもう1枚の肌のように、体に巻きつけて眠る者もいる。それはもちろん、バスローブだ。ウェス・アンダーソン作品に"バスローブモーメント（印象的な瞬間）"があるとすれば、それは間違いなく、映画『ダージリン急行／The Darjeeling Limited』のプロローグにあたる短編作品『ホテル・シュヴァリエ／Hotel Chevalier』のひとコマだ。

JACK WHITMAN

Luftwaffe Automotive

He had been killed suddenly, struck buy a
cab while crossing the street. A service was
scheduled for the following week and family
members flew or drove into town. I was in a
rented funeral car with my brothers and

ルフトヴァッフェ修理工場

彼の命は突然奪われた。
道を渡ろうとして、タクシーにはねられたのだ。
葬儀はその翌週に執り行われることになり、
家族はそれぞれの場所から、飛行機やクルマで
街に向かう。私は兄たちと一緒に、葬儀場への
送迎車に乗り

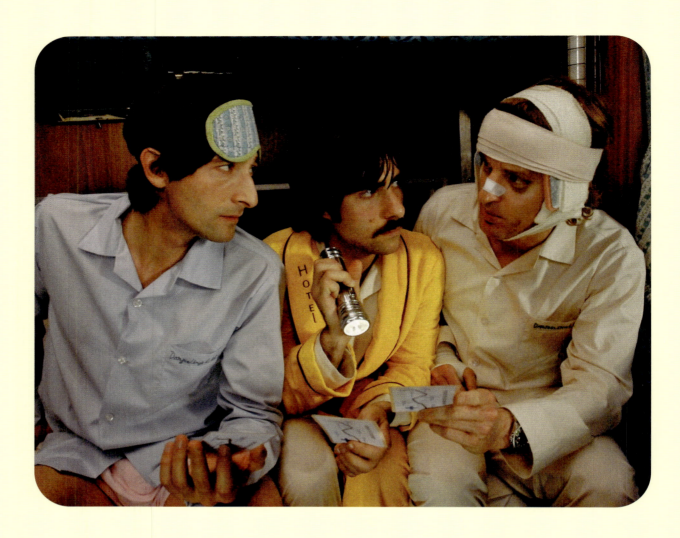

パリに実在するホテル・ラファエルで撮影されたこの作品は、すべてがフランス的（またはパリ的）な香りのファンタジーだ。バックに流れるピーター・サーステットの「Where Do You Go To (My Lovely) ?」が、ソルボンヌ大学からパリの大通り、ジジ・ジャンメールからサッシャ・ディステルまで、フランスのシンボルを次々に思い出させ、このフレンチファンタジーの雰囲気を盛り立てる。少し古めかしい豪華な部屋が、これから始まる劇の舞台だ。別れ話の渦中にあるカップルの、おそらく最後となる逢瀬……。

ジャック・ホイットマンが、散らかった黄色い寝室でだらしなくバスローブ姿で横になり、ビリー・ワイルダーの古い映画「第十七捕虜収容所」を観ながら、身にふりかかった不幸の重圧に耐えている。そこに電話が鳴る。恋人が突然やってくるというのだ。ジャックが身支度を終えると、彼女がドアをノックする。まるで慣れた場所であるかのように部屋に入ると、ジャックの持ち物を物色し、彼に尋ねもせずに歯ブラシを借り、スーツケースをわずかに開いて何かを忍ばせる。一見礼儀正しい2人の会話は次第に不可解さを増し、暗喩だらけで、観客には何もわからない。フランス映画の特徴とも言えるこの会話は、ルームサービスで中断され、ジャックの昼食（チョコレートミルクとチーズサンドイッチ）が運ばれてくる。ジャックがランチを注文したときにはまだ、この美しい恋人が来るとは知らなかったのだ。やがて2人はベッドに入る。時間を無駄にすることなく、互いに"尽くしあう"。彼女の体にあるアザが複雑な状況を語り、辛い過去を暗示する。続いてカメラはゆっくりと移動しながら、ジャック・ホイットマンの魅力的な恋人（ナタリー・ポートマン）の姿を追う（アンダーソン作品でよく用いられるトラッキングショットだ）。ショートヘアでボーイッシュな雰囲気の彼女は、彼よりも背が高く、身に着けているのは白い靴下だけ。

家具にもたれかかる姿は、まるでショットの中央に置かれた彫像だ。カメラの目は、彼女だけを見つめている。ジャックはベッドから起き上がると、ホテル・シュヴァリエの紋章のついた黄色のバスローブを手に恋人のそばに歩いていく。そして彼女の裸の体をそっと包む。この優しい一連の動作が、スローモーションで映し出される。

わずか13分のこの詩的な短編は、ウェス・アンダーソンの頭の中で映画『ダージリン急行』と融合し、ジャックの憂鬱の手がかりを示す痛切なプロローグとなっている。この短いシーンはまた、つらい別れの記憶を消し去るかのようにジャックが書いた短編小説(『ダージリン急行』の最後に登場する)のプレビューでもある。

ジャックにとってこのバスローブはもはや、湯上りに肌を冷やさないために着る、ただのタオル地の部屋着ではない。特別な意味をもっている。恋人が密かにスーツケースに忍ばせたフレグランスの香りが、ジャックのダージリン急行の旅に付きまとうように、ホテル・シュヴァリエから"借りた"黄色いバスローブも、どこまでも(憂鬱の果てまで)彼を追いかけ、不在の恋人を実体化する。古い写真のように手放すことのできない、実らなかった愛の名残りだ。夕暮れのパリを眺めようとバルコニーに出たときに、恋人に着せかけた最後の服として永遠に残る。

監督が、フランスの首都を分厚い卵黄色のバスローブで包み、ヴォルテール6番が香るコットンで住民たちを守りたいと考えたであろうことは、容易に想像がつく。さらには街全体を究極の舞台設定に仕立て、望むものは誰もが登場人物になれる、アンダーソンの世界にすっぽりと入れたいと考えたのかもしれない。誰にも文句はないだろう。

ビョルン・ボルグのウェア
最高にエレガントな(タオル地の)アンサンブル

「テネンバウム家では、私はリッチーを選ぶ」。放蕩息子であり、幼いころから(テレビ中継での精神崩壊まで)テニスプレイヤーとして活躍していたリッチー・テネンバウムは、長い髪の先まで手入れを欠かさない。粋と洗練をこよなく愛し、どんな場面でも職人が仕立てたスーツを着こなすウェス・アンダーソン。ビョルン・ボルグがテニス界でそうであったように、リッチーはアンダーソンの世界でのエレガンスの体現者なのだ。

1分間の心拍数がわずか45回のビョルン・ボルグは、気品と軽やかさをもって容赦なく世界のテニス界に君臨し、ATPランキングの頂点を極めた。70年代から80年代前半にかけて、絶対的なスターであったこのテニス選手は、出場するトーナメントすべてで優勝し、テニス界とポップカルチャーの伝説にその名を刻み、テニスコートの枠をはるかに超えた存在となった。世界のどのコートでも無表情だったボルグは常に冷静沈着で、ジョン・マッケンロー、ジミー・コナーズ、イリエ・ナスターゼら、コート内外で自制心を失ったり、感情を爆発させることで知られる対戦相手たちとは対照的だった。まるでスフィンクスのような態度を見せる、北欧スウェーデン出身の彼は"氷の男"というニックネームで呼ばれることもあった。ハチミツ色の長い髪をなびかせ、すらりと伸びた細身の体は、まるでコートの上空を舞うために鍛えられたかのよう。獲物を狙う猛禽類のようなスピードで対戦相手に襲いかかった。1976年には、110メートルハードルの金メダリスト、フランスのギー・ドリュを、600メートル障害走で負かしたほどだ。ボルグのプレーはいつも優雅で、それに匹敵するのはロジャー・フェデラーの絶頂期くらいだろう。しかし、ほかのプレイヤーと

一線を画していたのは体形だけではない。ボルグにはもうひとつ、ちょっとした魅力があった。それは特徴的なウェアだ。

Donnay(ドネー)の木製ラケット、白のスニーカーに白のソックス、同じく汚れひとつないショートパンツ。ぴったりマッチした白のポロシャツは黒のピンストライプに黒襟のVネックで、イタリアブランドFila(フィラ)のロゴが大きくあしらわれている。GQ誌がお気に入りのウェアについて尋ねたところ、ビョルン・ボルグは、縁起を担ぐようになったのだと答えた。「優勝したときに着ていたウェアが、私のラッキーウェアになりました。コート上ではあのピンストライプのポロシャツで多くの成功を収めたし、素晴らしい想い出もたくさん……」。[1] しかし、すぐにボルグとわかる特徴といえば、両腕のリストバンドと、豊かな髪を抑えるタオル地のヘッドバンドだ。ネット際に走る姿でさえ、比類ないエレガンスを保っていた。ボルグがこの有名なヘッドバンドをはじめて着用したのは、優勝した1975年の全仏オープン。もちろんそれ以降、このヘッドバンドを外すことはなかった。ボルグのアイコンともいえるヘッドバンドは、彼の引退とともにテニスコートから姿を消した。まるで、このタオル地のアイテムにふさわしいのは彼だけだといわんばかりに……。

ウェス・アンダーソンがこの"偉大なる伝説"のキャラクターからインスピレーションを得たのも無理はない。気品があり、傑出したスポーツマンで、貴族のような立ち居振る舞いの、無敵のチャンピオン。アンダーソンのリッチー・テネンバウムというキャラクター(演じるのはルーク・ウィルソン)は、主にボルグをモデルにしている。両者とも露骨に落ち込み、いかなるときもエレガントだ。リッチーもまた、テニス王者として名を馳せた(ニックネームは"バウマー")。テネンバウム家の子どもたちが皆そうであるように、リッチーの栄光の日々ももうの昔に過ぎ去っている。それでもなお、エレガントな薄茶色の都会的なスーツの下に、ピンストライプのポロシャツとタオル地のヘッドバンドというテニスアイテムを身に着けている。去りし日の記憶を振り払えないリッチー。奇妙な服装は憂鬱(ゆううつ)な色合いを増していく。まるで凋落(ちょうらく)したボルグの分身のように、長い無精ひげと分厚いサングラスで顔を隠し、片手にはブラッディ・マリーを持っている。あてもなく大海原をヨット「コートジボワール号」で航海中のリッチーに、ただならぬメッセージが届く。彼が飼っていたハヤブサのモルデカイ(猛禽類)のように、古巣に戻れと。

リッチー・テネンバウムのキャリアは1994年7月15日、大事な一戦のさなかに悲痛な終わりを迎える。その模様は、「完全崩壊！ ウィンドスウェプトフィールズでの準決勝において、テネンバウム、精神的疲労で試合を放棄」との見出しで、スポーティングプレスマガジンが大きく報じた。試合は義姉のマーゴの結婚の翌日。20歳年上のラレイ・シンクレアと結婚した彼女が観戦に来ているのを目の当たりにしたのだ。リッチーはカメラの前で座り込み、世界中の視聴者が唖然として見守るなか、靴と靴下を脱ぎ捨てて泣き崩れた。"バウマー"はこの失敗から立ち直れず、悲しみを引きずったまま世界の海をさまよう。自分の将来を何とか定めたいと航海を続けているのだ。リッチーの存在論的悲劇は、実のところ、彼のキャリアではなく、マーゴへの愛の突然の終焉(しゅうえん)なのだ。

立ち込めるたばこの煙のなかで人生を歩み、自由で何ものにも執着しない謎のマーゴ。マーゴ

---

1. Stuart Brumfitt, "Bjorn Borg on being a tennis style icon", GQ, July 2022.

の結婚や恋愛遍歴を聞き、ビル・マーレイ演じる夫ラレイ・シンクレアを裏切っていると知ったリッチーは、彼（あるいはボルグ）のトレードマークとも言える戸惑いの表情を見せ、失意のうちに自らの命を絶とうとする。やがてマーゴはリッチーへの愛を告白するが、2人は姉と弟の関係でもあるため、互いの感情を公にすることはない。

ビョルン・ボルグは準決勝の試合中に靴下を脱ぐことはなかったが、プレッシャーと執拗なメディア報道によってすり減り、26歳という若さで引退を発表して世界に衝撃を与えた。リッチーと同じく、ボルグもキャリアをスタートさせた当時はとても若かった。リッチーがテニスプレイヤーとしての活躍に終止符を打つ場所として、ウェス・アンダーソンが架空のウィンブルドン（ウィンド・スウェプト・フィールズ（吹きさらしフィールド））を選んだのは、偶然ではない。不屈のボルグは、1980年7月5日、ロンドン中心部にあるウィンブルドンのコートでジョン・マッケンローを破って優勝した。この一戦はテニス史上に残る名勝負として語り継がれている。そして、まるでパラレルワールドのように、アンダーソンは自分が創作したキャラクターのリッチーをここで敗北させた。運命の残酷ないたずら。ゲームセット。⚷

モンタナのブルージーンズ
最後のアメリカ人

"それ"は、伝説の俳優ジョン・ウェインが銃、帽子、馬と並んで欠かさず身に着けていた、アメリカを代表するユニフォームの典型。"それ"とは、生地の製造地であるフランスの都市「ニーム」にちなんで名付けられたデニムジーンズのことだ。丹精込めて作られたデニム生地は、とても丈夫なうえにブルーの色合いも無限にある。『アステロイド・シティ/Asteroid City』では、優しい目をしたカウボーイのモンタナが、ぴったりとしたブルーデニムを着こなし、観客の目を引き付ける。

モンタナは、上下ともブルーデニムをまとっている。藍色のデニムのジーンズとジャケットは、明るい色のカウボーイハットと好対照だ。もちろん婦人の前ではすぐに帽子を取る。皮肉を込めて"カナディアンタキシード"などと呼ばれることもある、このオールデニムルック(ブルーデニムのセットアップ)は野暮ったいとされ、現代ではめったに目にしない。しかし、モンタナにとってはこれこそが、着る価値のある唯一の服だ。昼であれ、夜であれ、この時代を超えたアメリカのユニフォームを脱ぎ捨てた彼の姿など想像できない。たばこをくわえ、足元では焚き火がパチパチと音を立て、気の合う仲間たちがチューニングされたギターの弦を爪弾いている。映画を見終えた観客は、モンタナという人物をこんなふうに記憶するはずだ。アメリカの神話から飛び出してきたような孤独なカウボーイは、鋼のような青い目を地平線に向け、遠くへと馬を走らせるのだろう。広大な西部には、まだ見ぬ荒野が広がっている。アンダーソンは、アメリカ映画の偉大な伝統をまとわせ、一瞬にしてこのキャラクター像を描き出してみせた。「理由なき反抗」で反抗的なティーンエイジャーを演じたジェームズ・ディーンから、「乱暴者」のマーロン・ブランド、そして「荒馬

と女」のマリリン・モンローまで、ブルージーンズは、何ものにもとらわれない自由な若者や世界の片隅で生きる人々を象徴する強力なシンボルなのだ。

青い目のモンタナが、ジョン・ウェインのいとこであり、歌うカウボーイたちの戦友であることに、疑いの余地はない。彼らはミュージカル西部劇というジャンルの全盛期を築いた典型的なヒーローだ。このカウボーイ兼ミュージシャンのキャラクターは、映画「やさしく愛して」でエルヴィス・プレスリーが披露したソフトな低音を彷彿とさせる。広大なアメリカの平原でジーンズを履き、汚し、擦り切れるまで履きつ

ぶしてみたい。そんな憧れを抱いたことはないだろうか？ そう、デニムは、カウボーイや労働者が着用する、最も過酷な労働に適した素材だ。ジョン・フォード監督の「怒りの葡萄」では、ヘンリー・フォンダがデニムのオーバーオールを着用していた。そう、デニムには、万人に共通のイメージがある。出会った2人が手を振って交わす挨拶と同じ、気心の知れた素材なのだ。「やあ、調子はどうだい？ 楽しくやろうぜ」

ありふれたものや典型的なものを面白おかしく再利用し、再配分して観客を魅了することにかけて、ウェス・アンダーソンの右に出る者はいない。ブルージーンズは、こうしたあらゆる物語と、それ以上のことを語る。結局のところ、伝説と現実を区別することは重要ではない。どちらもアンダーソンの世界では全体の一部であり、切り離すことなどできないのだ。重要なのは、セットや衣装、そして一貫して意味のある演出によって伝えられる、細やかなストーリーだ。裾の広がったブルージーンズと、地面をしっかりと踏みしめる革のブーツを履き、帽子を目深にかぶったモンタナは、私たちを真っすぐに見つめながらこう語りかけているようだ。「私は最後のアメリカ人であり、これが私のユニフォームだ」。ブルーデニムは西部開拓時代の歴史と、アメリカという国のビジョンが染み込んだユニフォームなのである。⚷

33

III
ライブラリー

劇作家、コラムニスト、詩人、革命家、ジャーナリスト、編集者、小説家……ウェス・アンダーソンの世界には才能ある書き手たちが登場し、タイプライターを叩き、ノートを黒いインクで埋め尽くし、現実を再構築し、文章の大いなる力で、失われた記憶をよみがえらせる。しかし、それがどんなに優れた作家だとしても、タイプする男を眺めても楽しくはないだろう。『アステロイド・シティ／Asteroid City』でテレビ司会者が提案しているように、「構想、推敲、校正、編集、手直し、カット＆ペースト、そして部屋をうろつきまわり、落書きし、ひとり酒をあおる、孤独で苦悩に満ちた数ヶ月をすっ飛ばし」、直接本題に入ることにしよう。アンダーソンの世界では、本や雑誌、演劇が重要な要素として扱われることから、監督自身が熱心な読書家であることは容易に想像できる。彼は文学や演劇の"随想"の体裁を映画に取り入れている。それはまるで永遠に続く、ミザンナビーム（モチーフが入れ子構造で入る表現法）のようだ。当ライブラリーの蔵書は充実しているとはいえ、テキサス出身のアンダーソン監督作品に散りばめられた文学作品の引用をすべて収めることはできない。書棚には、現実の作品と、監督の尽きることのない想像力から生まれたまったくの架空の作品が、隣り合わせに並んでいる。マニフェスト（宣言書）、回顧録、著名な雑誌、高校演劇の脚本、古典文学作品などが収蔵され、可能な限りアルファベット順に並べられている。このライブラリーを隅から隅まで探索し、いたるところに注釈や手書きのメモが添えられたアンダーソン監督の世界を深く掘り下げる作業は、来館者の方々にお任せする。

扉を開け、靴を脱いで、履き心地の良いスリッパをどうぞ。静寂を尊重し、会話は控えめに。くつろいで、心ゆくまでごゆっくり。しおりの用意もありますが、当館では、ページの角を折ってもらってもかまいません。それでは、いってらっしゃいませ。スリッパの置き忘れのないよう、ご注意ください。

シュテファン・ツヴァイク
失われたものに、思いをはせる

このライブラリーの蔵書は、デューイ10進分類法（メルヴィル・デューイが創案した図書分類法）の基本ルールに従って並べられ、棚の一番下の段には、アルファベットのZではじまる作家名が並んでいる。その段を注意深く見ていくと、やがてシュテファン・ツヴァイクの作品に行き当たる。ウェス・アンダーソンは、代表作の『グランド・ブダペスト・ホテル／The Grand Budapest Hotel』で、ツヴァイクにいたずら心たっぷりのオマージュを捧げている。同作は、直接的ではないが、精神的な意味においては間違いなくツヴァイクの作品の翻案だ。実際、グランド・ブダペスト・ホテルという高貴な宿泊施設の隅々にまで、ツヴァイクの影が宿っている。色彩と良き時代への懐古に加え、野蛮と文明、残忍さと優雅さ、新旧の世界の間で繰り広げられる容赦ない戦いなど、この映画のすべてがツヴァイクの言語を語っている。

1881年に旧オーストリア＝ハンガリー帝国で生まれたシュテファン・ツヴァイクは、自身が"精神的な故郷"と呼ぶヨーロッパの継承者であった。首都ウィーンは魅惑的な交差点となり、旧大陸の芸術家や知識人らを引き寄せていた。素晴らしい教養を身に着け、複数の言語に堪能で、人を引き付ける礼儀正しさと洗練を備えたツヴァイクは、職務に熱心なムッシュ・グスタヴに似ているではないか。グスタヴは、ツヴァイクの一風変わった分身と言えるだろう。しかし、シュテファン・ツヴァイクにとってのヨーロッパは、地図のように国境線で分割されてなどいなかった。何よりもまず世界市民であった彼は、崩壊しつつあったヨーロッパの

37

理想に共感していた。1942年の著作「昨日の世界」でツヴァイクは、第二次世界大戦に至るまでのヨーロッパ文明の衰退を回想した。ファシズムを逃れるために亡命を余儀なくされた彼は、精神的にも大いに苦しむ。

開戦の一報（トランスアルパイン・ヨーデル紙に大文字で掲載されていた）を見過ごすことを選んだムッシュ・グスタヴと同じように、シュテファン・ツヴァイクも、ナチ党の台頭がもたらす結果を深刻に受け止めていなかった。そして、祖国を追われた若き日のゼロ・ムスタファのように、ユダヤ人作家ツヴァイクも亡命の苦悩を経験する。「私は2000年の歴史を持つ超国家的都市ウィーンで育ったが、まるで犯罪者のように街を去ることを余儀なくされた。［……］これが、帰る場所がどこにもない理由だ」[1] と、彼は「昨日の世界」で嘆いている。ベルボーイと同じく不法難民となったツヴァイクは、追われる者という残酷な記憶に悩まされ続ける。彼はこう回想している。「私は半世紀にわたって、世界市民（コスモポリタン）として鼓動するよう自分の心臓を鍛えてきたのだが、それは無駄だった。パスポートを失ったその日に、『故郷を失うことは、境界で区切られた土地のひと区画を失うこと以上を意味する』と、58歳にして悟った」。パスポートにまつわる痛切な経験の後には、英国政府からようやく発行された書類に「ENEMY ALIEN（敵性外国人）」と書かれていたことが記されている。

回想録に記された彼の記憶はすべて、ウェス・アンダーソンの作品に反映されている。シュテファン・ツヴァイクの死後に出版された短編「チェスの話」には、まるでグランド・ブダペスト・ホテルの双子のような施設が登場する。1938年3月にゲシュタポに接収された豪奢なオスマン様式の建物、ウィーンのグランド・ホテル・メトロポールである。ハイドリヒの命によって司令部となったこのホテルは、圧政を敷く公務員や将校たちの活動拠点になった。一方、ズブロフカ共和国ではジグザグ軍がグランド・ブダペスト・ホテルを占拠し、2つの大きい「Z」が描かれた分厚く黒い旗を壁に掲げた。

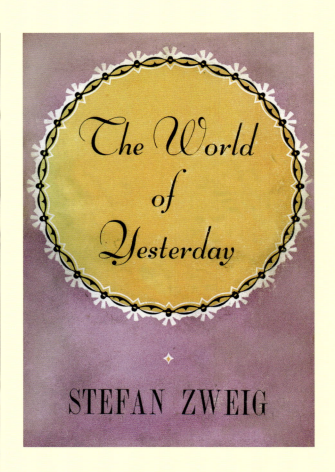

1. Stefan Zweig, The World of Yesterday, Memoirs of a European, Viking Press, April 1943（シュテファン・ツヴァイク「昨日の世界」）

過去とその失われゆく輝きへの愛着に加え、アンダーソンとツヴァイクにはもうひとつ、共通の嗜好がある。「物語と絡み合う物語」だ。これは、まさにツヴァイクの得意とする手法である。語り手が謎の人物と出会い、その人物が自分の物語を語りはじめるのだ。そう、『グランド・ブダペスト・ホテル』は壮大かつ重層的に展開される物語だ。全盛期のホテルの物語は、長い年月の後に、老朽化したホテルのダイニングルームでゼロ・ムスタファによって語られる。その物語を、ズブロフカ人の作家が自らの著書として書き記す。そしてその本を、作家の銅像に敬意を表するために訪れた少女が読んでいる。映画の最後に監督は、時代を超えてさまざまな語り手が伝えてきたこの物語を改めて締めくくる。シュテファン・ツヴァイクがかつてそうしたように、ウェス・アンダーソンもまた、ためらうことなくストーリーを中断して語り手を入れ替える。それは、ゼロ・ムスタファの感情を客観的に表現することにもつながる。「物語の中の物語」にゼロ・ムスタファがしっかりと根付き、観客は"彼の証言がもつ力"を噛みしめる。映画監督アンダーソン、そして作家ツヴァイクにとって、できごとや事件は語られることではじめて存在するのだ。歴史の渦に飲み込まれたこの濃密な物語は、語られ、聞かれ、受け継がれる限り、生き続ける。

『グランド・ブダペスト・ホテル』は、シュテファン・ツヴァイクの物語を笑いあるストーリーに脚色しただけでなく、究極的には、証言の力と、過ぎし日の人生の物語を記憶によってよみがえらせることの必要性を描いた作品である。ゼロ・ムスタファはアガサの想い出が消えないように、この老朽化したホテルを維持している。「私たちはここでは幸せだった。ほんの短い間だったが」。ツヴァイクが晩年に回顧録の執筆に専念したのはおそらく、故郷のヨーロッパ大陸での幸せな想い出を永らえさせるためだったのだろう。

「意に反して、理性の最も恐ろしい敗北と、残忍性の最も荒々しい勝利を、時代を記録するなか

で目撃してしまった」と彼は書いた。あまりに深く心を痛めたツヴァイクは、1942年2月22日にブラジルのペトロポリスで自ら生涯を閉じた。家族と友人たちへの別れのメッセージのなかで、ツヴァイクはこう記している。「友人たちに敬意を表す！ 長い夜の後には、夜明けが見えることを願う！ 待ちきれないから、私は先に行く」。ツヴァイクが見ることのなかった夜明けの兆しは、ゼロ・ムスタファが旧友ムッシュ・グスタヴについて発した次の言葉を思い出させる。「この野蛮な殺りくの場にも、文明の光がわずかに残っていた。かつて人間性と呼ばれたものだ。[……] 彼はそれを知るひとりだった。言えるのは、それだけだ」

シュテファン・ツヴァイクの本を閉じ、書棚に戻す前に、回顧録の最後のページをじっくりと味わおう。彼が愛した古き良き世界を偲んで、次のように締めくくられている。「太陽はさんさんと輝いていた。故郷へ向かう途中、私はふと、目の前に自分の影があることに気付いた。まるで、今の戦争の背後に、戦争の影がもうひとつ見えたようだった。その影はずっと私につきまとい、消すことができない。昼も夜も私のあらゆる思考の上に漂っている。[……] しかし結局のところ、影は光から生まれるものだ。そして、夜明けと日没、戦争と平和、栄枯と盛衰を経験した者だけが、真に生きたと言えるのだ」

朝日新聞
紙カイジュウ

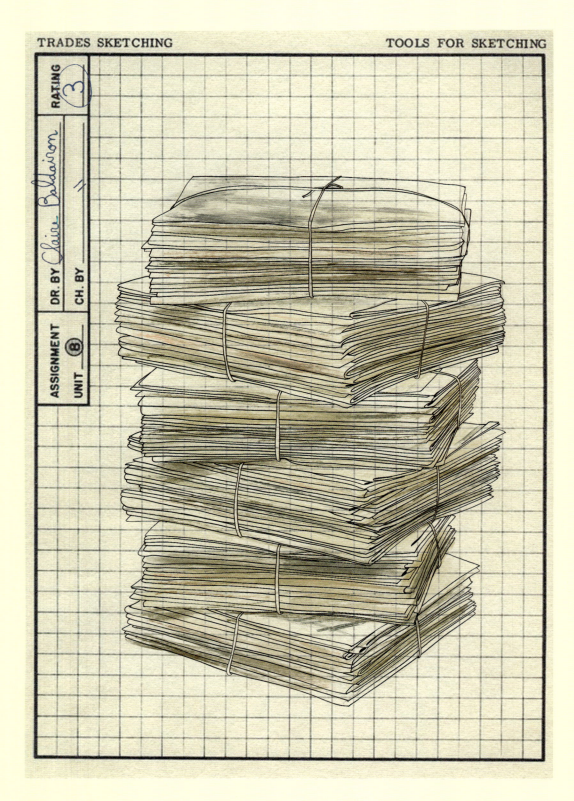

重さ数千トンのモンスター、膨大な情報を貪る巨大生物、日本の神話に登場する古代のカイジュウ。それは、1日あたり世界最大量の紙を印刷する新聞、朝日新聞だ。これを数字にしてみよう。1日2回発行、毎日400万部以上を印刷、何千万人もの読者、何十億もの文字、そして、それほど大量の紙が新聞販売店に配布される。最盛期の朝日新聞は、ほかに類を見ない存在であった。まるで紙のゴジラのように日本中を進みながら、常に多くを求める国民に情報の雨を降り注いでいるようだった。それを考えれば、日本を舞台とする唯一のウェス・アンダーソン映画『犬ヶ島／Isle of Dogs』で、朝日新聞が日刊紙の基準となったことは、驚くに値しない（日本を舞台とする作品が、もっとつくられることを期待したい）。

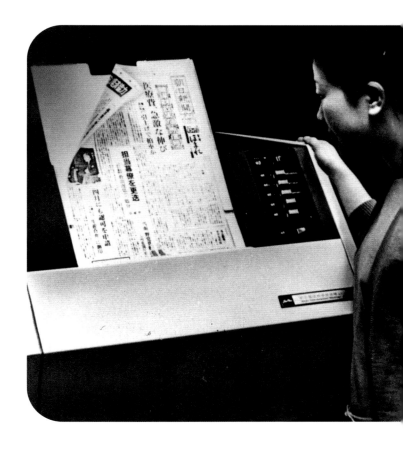

監督には、メガ崎市の報道機関を体現する、無敵の存在が必要だった。メガ崎市とは、東京をひどく攻撃的にしたような、轟音が鳴り響く、架空の怪物都市である。金属で覆われ、ガラスと鉄の高層ビルが立ち並ぶこの灰色の大都市は、ゴジラの敵、メカゴジラを彷彿とさせる（日本ならではの想像力から誕生したメカゴジラは、ゴジラを模した巨大ロボット怪獣で、怪獣王ゴジラと壮絶な戦いを繰り広げる）。明らかに憂慮すべき未来主義に染まるこの東京の疑似都市において、ゴジラ対メカゴジラに相当する設定がその下敷きにある。「メガ崎市とその市長」対「独立系新聞の日刊マニフェストとその情報」である。小林市長が大衆を操ろうとする一方で、若い記者たちは反対意見を表明するために結束する（さらには、隠された恐ろしい陰謀を暴くために）。

全盛期の朝日新聞は、超保守的な日本にあって、やや左寄りで比較的進歩的な刊行物とみなされていた。独裁的な態度を隠さない市長が幅を利かせるメガ崎市において、日刊マニフェストは抵抗運動の一翼を担っている。アンダーソン作品は、『グランド・ブダペスト・ホテル』以降、政治色が取り入れられるようになり、「空虚で取るに足らない、内向的で政治的指向が薄い映画」と断じていた批評家たちを心底驚かせた。『グランド・ブダペスト・ホテル』のトランスアルパイン・ヨーデル紙から、『フレンチ・ディスパッチ ザ・リバティ、カンザス・イヴニング・サン別冊／The French Dispatch of the Liberty, Kansas Evening Sun』のフレンチ・ディスパッチ誌、さらにはMr.フォックスの日記に至るまで、アンダーソンの作品世界では報道機関が重要な位置を占めている。そして、どんなに優れた報道紙も日刊マニフェストにはかなわない。メディアが政治的プロパガンダの手先となり果てたとき、日刊マニフェストの編集員たちは、メガ崎市の民主主義を守る最後の希望となり、都市を食い荒らす腐敗の蔓延に対する究極の防波堤として機能しはじめる。この希望は、明るい未来の象徴である次世代に引き継がれ、真実が明らかにされるときを待っている。

ロアルド・ダール

ファンタスティック Mr. DAHL

世界中の子どもたちの本棚をカラフルな表紙の本でいっぱいにした、このファンタスティックなストーリーテラーはいったい何者なのだろうか？ ここでロアルド・ダールの刺激的な人生を回顧しようなどとは思っていない。とてもじゃないが、ページが足りないからだ。ノルウェー生まれのウェールズ人作家、ロアルド・ダールは実にユニークな人物であった。1916年生まれのダールは、少年時代、規律の厳しいイングランドの寄宿学校に通い、長期の夏休みはノルウェーで過ごした。ノルウェーではフィヨルドを探検したり、無人島に上陸して冒険を楽しんだが、それはまるで映画『ムーンライズ・キングダム／Moonrise Kingdom』の主人公たちが経験する、ロビンゾナーデ（ロビンソン漂流記さながらのスリルに満ちた探検）だった。大人になったダールは、およそ196センチという長身で、腕のいい戦闘機パイロット、英国情報局のスパイ、脚本家、医学装置の発明家となり、そしてもちろん、あらゆる年齢の子どもたちに愛される素晴らしい児童文学作家となった。彼の実際の人生も、ページの上で生み出した主人公たちと同じく、楽しい冒険に満ちていた。

大人向けには、底抜けに笑える、とんでもなく不適切な物語を書いた。ときとして陰惨で辛辣な短編小説家であったダールは、人間の本性について大いなる幻想など抱いていなかった。彼の短編小説のいくつかは、TV番組「ヒッチコック劇場」や、ダール自身が暖炉わきで案内役を務めるTVシリーズ「ロアルド・ダール劇場・予期せぬ出来事」で映像化された。1960年代以降は児童文学に目を向け、1990年に亡くなるまで、子どもたちを楽しませることに生涯を捧げた。しかし、語る相手が子どもでも、彼のユーモアあるストーリーには恐怖が混じっている。ロアルド・ダールは、幼い読者をただ喜ばせて自己満足に浸るようなストーリーテラーではない。むしろ、将来待ち受ける現実の世界の残酷さ、愚かさに対して警告することを好んだ。

起伏に富む、ちょっと変わった作品の悪役はいつでも大人。子どもたちはそれを大いに喜んだ。恥さらしな親、横暴な女校長、不快な農場主などは子ども受けする悪役だが、そこにダールならではの誇張が加えられる。主人公たちは、災難から逃れるため、あるいは復讐のために悪知恵を働かせ、ときには乱暴な手段に訴えることもあった。そのひとりが天才的な頭脳をもつ少女マチルダだ。意地悪な両親に仕返しをする、テネンバウム家にいても違和感のないキャラクターである。軽快で元気あふれるスタイルの挿し絵を描いたのは、イラストレーターのクェンティン・ブレイクだ。目まぐるしい展開のストーリーに匹敵するダイナミックなイラストで知られる彼は、次のように述べている。「ダールが思い描く子ども時代は、単純ではないと思います。その一方で、子どもたちの味方であることは明らかで、それが彼の作品の強みなんです。彼は子どもたちの仲間であり、暴力的な巨人の大人たちに立ち向かいます。しかし同時に、子どもへの幻想も抱いていませんでした。子どもだって意地悪になります」。[1] ロアルド・ダール作品における笑いのメカニズムは、そこに登場する少年少女に似ている。無邪気でありながら、とことん冷酷になれる存在だ。

ジェームズとおばけ桃、チャーリーとチョコレート工場、オ・ヤサシ巨人に誘拐される小さいソフィー、少女マチルダとその超能力……。ウェス・アンダーソンと同じく、ロアルド・ダールもキャラクターたちへの愛に満ちている。彼の愛着、細部にわたる辛辣な描写、そしてコミカルな誇張は、こうしたヒーローと悪役のすべてに見られる。「チョコレート工場の秘密」の草稿には、恐ろしい子どもたちをモデルにしたキャラクターが多数登場する。作家自身も困ってしまい、手に負えない悪ガキたちのなかから誰かを選ぶことができなかったと認めている。「実のところ、この子どもたちが大いに笑わせてくれるものだから、新しい子どもたちを生み出すのを止められなかったのさ」[2] と振り返る。ダールはいつも同じ肘掛け椅子に座り、多くの物語と、数えきれないキャラクターを生み出した。その椅子は、カナリアイエローの扉が付いた小さい執筆小屋にぽつんと置かれていた。その小屋は、ジプシーハウスと呼ばれる美しい白い家の裏手にある、静かな庭に建っていた。ホワイトフィールドレーンのこの白い家は、ロンドン北東部のバッキンガムシャーの丘陵地に囲まれた、絵のように美しい村グレートミッセンデンにある。これ以上過去

1. Quentin Blake, Toute une vie, France Culture, 27 December 2014.
2. Roald Dahl, Spotty Powder and Other Splendiferous Secrets.

にさかのぼるのはやめておこう。ウェス・アンダーソンは、イングランドの片田舎、絵のように美しい村、美しい白い家の隣に隣接した静かな庭、黄色い玄関扉の小屋、そしてアームチェアから、映画『ファンタスティック Mr.FOX／Fantastic Mr. Fox』のインスピレーションを得た。この経験は大きい原動力となり、2023年に監督は、再びロアルド・ダールの世界に入り込んだ。『ヘンリー・シュガーのワンダフルな物語／The Wonderful Story of Henry Sugar』である。

脚本家のノア・バームバックを伴い、アンダーソンはダールの自宅を訪れ、彼が愛したイングランドの田園地方を探索した。新しいプロジェクトの世界に浸ろうというのだ。アンダーソンは10年もの間、ストップモーション映画をつくろうともくろんでいたが、その過程でどうやら毛の生えた動物への憧れにとりつかれたようだ。ポッドキャストFresh Airのインタビューで、アンダーソンはダールの小説「父さんギツネバンザイ（後に「すばらしき父さん狐」と改題）／Fantastic Mr. Fox」との出会いを次のように振り返った。「はじめて読んだロアルド・ダールの本で、大ファンになりました。子ども時代の私にとって、ダールは大きい存在です。どういうわけか、この本はいつも手元にありました。どこに住んでいても、大学に進学しても、この本はいつも本棚にありました。この本は……薄い本で、何というか……小さい子向けに書かれていると思うんですが、いつも心に残っていたんです。Mr. フォックスは、まさしくダールの人物像そのものだと思います」。[3] ダールの小説をすっかり自分のものにしたアンダーソンは、その作品を自身が深く関心を寄せる問題を掘り下げる機会とした。登場する動物たちは野生ではあるのだが、自らの存在理由を見失うという現実的な実存的危機にさらされている。常に、野生の本能と文明的な野望のどちらかを選ばなければならない。この映画のキャラクターたちは服を着て、アングロサクソン風の名前をもち、原作の精神を受け継いでいる。ウェス・アンダーソンと脚本のノア・バームバックは、小説のディテールを自分たち好みに変えることを大いに楽しんだ。たとえば、Mr. フォックスの尾がそうだ。「ダールの小説ではMr. フォックスの尾は撃ち落とされた設定になっていますが、私たちはそれをネクタイにしたんです。私たちのコラボレーションは、たいがいそんな感じでした」[4] と、監督はいたずらっぽくコメントしている。粋なMr. フォックスの姿は、ベルベットのスーツを身にまとった本物のダンディであり、ダール自身の投影にほかならない。アンダーソンとバームバックはMrs. フォックスをフェリシティと名付けたが、これはダールの未亡人へのオマージュだ。アンダーソンは次のように説明しながら、本質的な質問を投げかけた。「可能な限りダールの原作に忠実であろうとしたなかで、私たちはMr. フォックスを、ある意味でダール自身にしようと決めました。もしダールがこの物語を書かずに、ニワトリ泥棒になっていたら？」[5] やんちゃないたずら者のダールは間違いなく、偉大なトリックスターであるキツネの仲間になるだろう。人間界のハンターたちをぎゃふんと言わせるために、狡猾な手段に訴えるはずだ。

[3]. Terry Gross, "For Wes Anderson, A 'Fantastic' Animated Adventure" Fresh Air, 23 November 2009.
[4]. Matt Zoller Seitz, The Wes Anderson Collection, Abrams, 2013.　[5]. 同前。

J・D・サリンジャー
サリンジャーを探して

J・D・サリンジャーについて、わかっていることは実に少ない。唯一の手がかりは、このアメリカ人作家が親切にも自著の裏表紙に記した内容だけだ。それゆえ、親愛なるご来館の皆さま、この謎めいた作家の人物紹介は省略させていただきたい。というのも、かつてサリンジャーは、自身の作品の主人公のホールデン・コールフィールドに、経歴や「デイヴィッド・コパフィールドのようなくだらないあれこれ」は自分にとって無価値だ、と語らせているからだ。J・D・サリンジャーは1948年には早くも、名高いニューヨーカー誌に短編小説を何本か寄稿していた。しかし、1951年の「ライ麦畑でつかまえて」の出版が、彼の作品、ひいては人生の転機となった。この小説の大成功は、サリンジャーに冷酷な悪評も、もたらすことになる。サリンジャーは公の場から身を引き、絶対的な静寂を求めてニューハンプシャー州コーニッシュに隠遁した。1974年、20年におよぶ沈黙を破り、ニューヨーク・タイムズ紙の短いインタビューに応じると、自著の無断出版に抗議した。「出版しなければ素晴らしい平穏がある。平和な静寂だ。出版は私のプライバシーへのひどい侵害だ。私は書くのが好きだ。大好きなのだ。しかし、それは自分自身と、自分の楽しみのためだけだ」[1]。晩年の作品は、コーニッシュの自宅で秘密裏に書かれたもので、サリンジャーの謎をさらに深めている。

「僕が嫌いなものを1つあげるとすれば、それは映画だ。映画のことは話題にするな」と、ホールデン・コールフィールドは「ライ麦畑でつかまえて」の冒頭で述べている。サリンジャーも、自著の主人公と同じように、映画に嫌悪感を抱いていたのだろうか？ ハリウッドから繰り返し映画化の申し入れがあったものの、「ライ麦畑でつかまえて」は映画化されていない。サリンジャーが許可しなかったからだ。小説の権利を手放さず、映画化は不可能だとも考えていた。「ライ麦畑でつかまえて」は厳密に言えば"物語"ではない。それはまなざしであり、風潮であり、大人たちの世界に対する視点であり、脱線した思考が散りばめられた長い内省的なモノローグ（独白）だ。短いぶつ切りの口調で語られ、繰り返しが多く、癖や不均衡、不協和音に満ち、不条理が散りばめられている。この点から、サリンジャーが、自らの小説は映画化できないと考えるのは当然だろう。その文学の形式が物語に密接に結び付いているため、簡単には銀幕に翻案できないからだ。しかし、サリンジャー

---

1. Fosburgh, "J. D. Salinger Speaks About His Silence", New York Times, 3 November 1974.

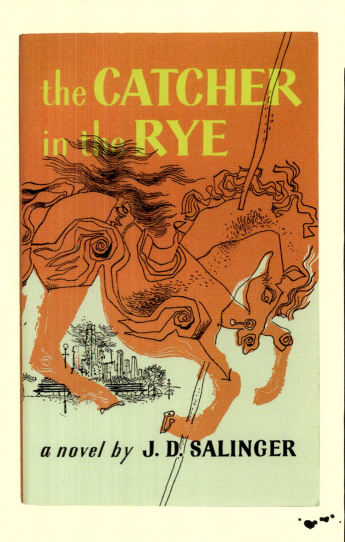

の主人公はすでに、「第7芸術」と呼ばれる映画の領域に長いこと登場し続けているのかもしれない。事実、数多くのティーン向け映画では長いこと、ホールデン・コールフィールドへのオマージュが用いられている。そう、ウェス・アンダーソンの最大の参照(リファレンス)のひとつは、映画ではなく文学だ。監督は数々のインタビューで、自身の作品にサリンジャーが決定的な影響を与えたと認めている。そして、サリンジャーが作品の映画化を決して許可しないと明言していることを受け、アンダーソンはサリンジャー作品を最も忠実に、通常とは異なる方法でスクリーンに投影してみせた。

アンダーソン映画では、もちろん『ザ・ロイヤル・テネンバウムズ/The Royal Tenenbaums』が飛びぬけて"サリンジャー的"だ。テネンバウム家はニューヨーカー誌のページを飾るのにふさわしい名門の血筋であり、ニューヨークの若き天才一家、グラス家もやはり同じく危機のただなかにある。テネンバウム家と同じように、グラス家も才能に恵まれ、注目されているきょうだいがいる。『ザ・ロイヤル・テネンバウムズ』には、グラス家の冒険を参照していると思われる場面がいくつもある。リッチーの自殺未遂は、短編小説「バナナフィッシュにうってつけの日」に登場するシーモアの突然の失踪を彷彿とさせる。マーゴが毛皮のコートをまとってバスから降りてくる姿は、フラニーの登場を模倣している。エセル・テネンバウムが浴室に引きこもる娘を見つけるシーンは、「フラニーとズーイ」のよく似た場面を想起させる。「テネンバウム(Tenenbaum)」という名前は、ブーブーの結婚後の名字「タネンバウム(Tannenbaum)」を連想させる。こうしたピンポイントの共通点だけでなく、サリンジャーは映画の脚本にもその影を落としている。アンダーソンのキャラクターは確かに口数が少ないが、曖昧な会話、失言、不条理な言いがかり、そして柔らかな皮肉を好む監督の傾向を示している。イーライが「もう君を愛していない」とマーゴに告げる。マーゴは「私を愛してたなんて知らなかった」と淡々と答える。イーライはそれに耳を貸すことなく、「これ以上、ややこしくするのはよそう」と、その話を終える。アンダーソン作品(なかでも特に『ザ・ロイヤル・テネンバウムズ』)は、そこかしこにサリンジャーの存在が感じられる。

アンダーソンの映画には根本から社会不適合なキャラクターが登場し、全員が同じような無表情や世間離れした態度を示すが、それはどことなく、思春期の真っただなかにある「ライ麦畑でつかまえて」の主人公を思わせる。この点において、特権階級の子どもたちが通う私立の学校を舞台にした『天才マックスの世界』も、サリンジャーの小説「ライ麦畑でつかまえて」を彷彿とさせる場面が多い。学校から追放された、それぞれの作品の主人公マックスとホールデンは、遠い親戚のようだ。愛する人を失ったことから立ち直れず、大人になる一歩手前でさまよう。2人ともかぶっている帽子がユニークで、ほかの生徒たちから際立っている。ホールデンは赤いハンチング帽、マックスは赤いベ

レー帽だ。アンダーソンとサリンジャーはともに、マット・ゾラー・サイツが「物質的シネクドキー（提喩）」[2]と呼ぶ手法（特定のものによって、ある人物の全人格を特徴付ける）に長けている。この原則はアンダーソン作品では非常に顕著で、キャラクターは常にその服装が人格を示す。しかし、「ライ麦畑でつかまえて」とのつながりは、『アンソニーのハッピー・モーテル／Bottle Rocket』ですでに明らかだったかもしれない。ホールデンと同様、アンソニーはつかみどころのないキャラクターで、自身の存在そのものに浸透した"混沌"に意味を見出そうと模索している。やがて彼は"病気"を患い、施設に入ることになる。落ち込んでいる理由を尋ねられると、アンソニーは、ホールデン・コールフィールドを強く想起させる、次のような答えを返した。「ある朝、エリザベスのビーチハウスで、水上スキーをしたいか、それとも寝そべっていたいかと彼女に聞かれた。僕は、"その"質問に答えたくないだけじゃなくて、もう二度と水上スポーツに関する質問に答えたり、ああいう人たちと一生関わりたくないと思ったんだ」

J・D・サリンジャーの小説が若者たちを強烈に引き付けた魅力を、一言で言い表すのは不可能だ。1951年の初出版以来、ホールデン・コールフィールドの声は、読者の琴線に触れ続けている。それはときに、狂気のレベルに至ることもある。許されない行為を「サリンジャーの影響だ」と主張する者もいるほどで、たとえばジョン・レノンの殺害犯もその1人だ。「ライ麦畑でつかまえて」で、サリンジャーは2つの時代の転換点に焦点を当てているが、ホールデンはまるで小説の表紙に描かれた疲れ果てた馬のように、頑なにその転換期という"障害"を拒絶する。幻滅、子どもから大人への残酷な変貌、そしてあらゆる無常。これらはウェス・アンダーソンが好んで扱うテーマだ。「アンダーソンの映画は、サリンジャーの小説と同じようにフィクションだ。ということはつまり、フィクションではない」[3]とマット・ゾラー・サイツは書いている。思春期という優しく傷つきやすい狭間にいる世界中の読者にとって、「ライ麦畑でつ

かまえて」を読むことは恵みの瞬間であり、ホールデン・コールフィールドは孤独のなかにいる兄弟のような存在なのだ。

2010年にサリンジャーが亡くなると、その翌日、アンダーソンはニューヨーカー誌に、F・スコット・フィッツジェラルドの短編小説「なまいきな少年」からの抜粋を添えた一文を寄せた。「彼は意地悪で、利己的で、神経衰弱で、不幸なたくさんの人々から1人の少年を救い出すことで、そのできごとに貢献した。大きく心を開いたときには、そっと触れるだけで人を傷つけたり癒したりできる。そうした稀な瞬間がいつ訪れるか、私たちには知りようがない。一瞬でも遅ければ、この世で再び触れることはできない」。監督はさらにこう付け加えた。「私は彼の物語からインスピレーションをもらい、自分の能力の限りを尽くして模倣し、盗んできたが、ほかの何よりも、この文章こそ、私のJ・D・サリンジャーの作品体験を最もよく言い表していると気付いた」[4]

---

2. Matt Zoller Seitz, "The Substance of Style, Pt 4," Moving Image Source, April 2009.
3. 同前.　4. Richard Brody, "Wes Anderson on Salinger", The New Yorker, 29 January 2010.

演劇
次の劇へ！

ライブラリーの一角には舞台芸術のセクションがあり、著名な劇作家たちの脚本が、ウェス・アンダーソンの豊かな想像力から生み出された架空の脚本と隣り合わせに並んでいる。アンダーソンが創り出した、とりわけ孤独なキャラクターたちは執筆に逃避する傾向があり、彼の世界には小説家、ジャーナリスト、短編作家、そしてもちろん、マーゴ・テネンバウムやマックス・フィッシャーのような新進の劇作家が登場する。アンダーソンは、自伝的な要素をあえて隠さない。どの映画にも、あちこちに散りばめられている。ここでは、2012年に監督がテリー・グロスに打ち明けたこの逸話を引用したい。「そのころのもうひとつの思い出は、小学校4年生のときの女性の担任です。私はなかなかの問題児だったに違いありません。先生は、私とこんな取り決めをしました。1週間、大きい問題を起こさなかったら、ポイントをくれるというのです。一定のポイントがたまると、先生は、学校で劇を上演させてくれました。私が脚本を書いて、教室で演劇を上演していたのを知っていたからです。あの年齢にして、先生は私を小さいなりの演劇人と認めてくれたんですね。私はその1年間に、5分の劇をいくつも書き、演出しました。私が今やっていることは、ある意味、あの先生が芽生えさせてくれたものを、続けているようなことです」。[1] 授業に集中しない教え子だったアンダーソンにやる気を起こさせようと、彼のバインダーに小さい星印を付け、魔法の言葉「Time for a new play!（次の劇をやるわよ！）」を書いてくれたのだ。

演劇にエネルギーを注ぎ込み、級友からもてはやされた子ども時代の遠い記憶が、間違いなくマックス・フィッシャーというキャラクターのルーツになっている。映画『天才マックスの世

界／Rushmore Academy』の冒頭、学校で悪い成績を突きつけられたマックスは、ラシュモア校の校長に堂々と立ち向かって言う。「僕がこの学校に入学した経緯を覚えていますか？」「ああ、覚えているよ。脚本を書いたからだ」と校長は答える。「2年生のときです。ウォーターゲート事件を題材にした短い一幕劇でした。それを母が読んで、ラシュモアに行くべきだと思った。あなたはそれを読んで、奨学金をくれたんですよね？」このときマックスは、未来の"伝統の若者"のひとりに名を連ねた。つまり、アンダーソン映画に登場する、大人びた態度をとり、大人と同じ関心事をもつ子どもたちだ。この伝統は間違いなくマックスに始まり、『ザ・ロイヤル・テネンバウムズ』の冒頭で花開き、『ムーンライズ・キングダム』で完全に実を結んだ。壮大な夢を抱く平凡な学生マックスにとって、演劇はまさに夢への入り口だが、マーゴもまた注目すべきキャラクターだ。『ザ・ロイヤル・

---

1. Terry Gross, "Wes Anderson, Creating A Singular Kingdom", Fresh Air, 29 May 2012.

テネンバウムズ』の冒頭で、マーゴは子ども部屋（壁紙はシマウマ）の充実した"戯曲本棚"の前に座って、アントン・チェーホフやユージン・オニールを読んでいる。テネンバウム家の子どもが皆そうであるように、マーゴも神童と呼ばれ、劇作家として頭角を現し、中学3年生で5万ドルというささやかな賞金を得る。マーゴは本の間に、ミニチュア劇場のような舞台模型を保管している。アンダーソンにとって、シーンの中のシーンというミザンナビームのように、世界の中に別の世界を織り交ぜる機会は、見逃すにはあまりにも魅力的だったのだろう。

『天才マックスの世界』の構成は1ヶ月ごとに区切られ、その都度舞台の幕開けのようにベルベットのカーテンが開く。マックスが自分自身を演出する能力が極めて高いことを考えると、演劇の原則とルールにのっとった、極めて自然な演出だ。マックスの言葉を借りると「すべてのセリフが重要」なのだ。そして彼は同じ真剣さをもって、人生での"対話"も大切にしている。マックスの口から発せられる言葉は、どれも映画や自作の劇の一節のようだ。この演劇的なミザンナビームは『天才マックスの世界』で最も直接的に観察できる。実際、アンダーソンの作品世界を彩る小説、短編小説、架空の劇のほとんどはスクリーンには映らないが（ジャック・ホイットマンを題材にした短編『ホテル・シュヴァリエ/Hotel Chevalier』は例外）、『天才マックスの世界』では、厳選した作品をいくつか鑑賞できる。シドニー・ルメットの名作「セルピコ」を題材とした舞台では、つけひげを付けたり修道女の格好をした生徒たちが登場し、銃声、鉄道模型など、目を見張るような演出が繰り広げられる。観客席の真ん中でぽかんとしている子どもたちをとらえたショットは、場にそぐわない劇が上演されていることをはっきり示している。舞台裏では興奮が頂点に達し、カンノーリに関するセリフを忘れたことをめぐって、殴り合いが起きる。これは別の名作映画のセリフへのオマージュだ（「銃は置いていけ。カンノーリを持ってきてくれ」）。ちなみに、その映画「ゴッドファーザー」の監督フ

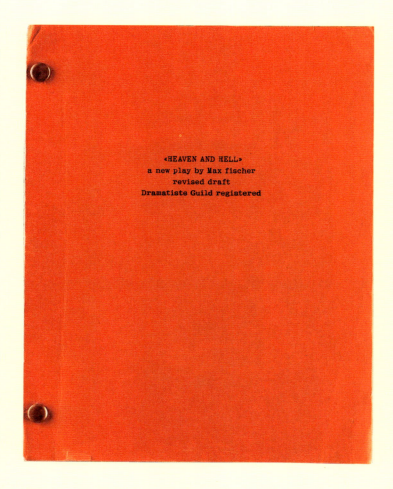

ランシス・フォード・コッポラは、マックス役を演じたジェイソン・シュワルツマンの叔父である。観客からスタンディングオベーションを受けるマックスだが、彼が好んで口にするラテン語「sic transit gloria（栄光はかくもはかない）」のとおりのことが起きる。"演劇の大成功"にも関わらず、恋心を抱くクロス先生の心をつかめなかったのだ（彼女はふさわしい年齢の男と一緒に現れる）。例によってマックスは、舞台と現実の狭間(はざま)に陥る。脚本（計画）どおりに物事が運ばないと、いら立ち、現実に対処できない。

マーゴの世界もまた、計画どおりには何ひとつ進まない。はじめての舞台を11歳の誕生会で上演するが、招待した父親にひどく失望させられる。テネンバウム家の家長は言葉を濁すことなく、マーゴの芝居をずけずけと酷評する。大人になったマーゴが、いまだに執筆のスランプから抜け出せずにいるのも当然だ。映画のなかでは、劇作家としてのマーゴの作品が舞

THREE PLAYS

by MARGOT TENENBAUM

EROTIC TRANSFER-ENCE

NAKEDNESS TONIGHT

STATIC ELECTRICITY

NISWANDER

台で披露されることはない。意味深長なタイトルが書かれたポスターでのみ示される。「エロスの移り変わり／Erotic Transference」「静電気／Static Electricity」「今夜、裸で／Nakedness Tonight」といった謎めいた題名は、ニューヨークを象徴する、知性に訴えながら親密さも感じさせる、非常にエロティックな作品群だ。マーゴは、最新作「森のレヴィンソン家／The Levinsons in the Trees」でようやく劇場に復帰する。わずかに見えるこの劇から連想するのは、漂流した家族がツリーハウスで暮らすディズニー作品「スイスファミリーロビンソン」だ。それはテネンバウム家にぴったりな比喩で、「森のレヴィンソン家」が自伝的要素の強い作品であると考えれば、

まさに的を射ている。観客や批評家からは酷評されるが、そんなことは重要ではない。それよりも、ここでは演劇がカタルシスとしての価値を持っている。ついに自らの過去の悪夢と向き合ったことで、マーゴはうつ状態から抜け出す第一歩を踏み出し、再び舞台を目指す。

最後に、特に際立った演劇作品があるとすれば、間違いなく「天国と地獄／Heaven And Hell」だろう。『天才マックスの世界』の壮大なフィナーレを飾る「地獄の黙示録」の縮小版のような作品で、マックスは売り出し中のトム・クルーズという最高の役を自ら演じ（クルーズと驚くほどそっくり）、男らしさを誇示する。上演前、学校の体育館に不穏なアナウンスが流れる。「座席の下には防塵メガネと耳当てを用意してあります。どうぞご自由にお使いください。それではお楽しみください」。霧の立ち込めたジャングルへと見事に変貌した舞台では、ヘリコプターが飛び、あり得ない規模の火炎効果が使われ、マックスが華々しく登場する。小さい子どもが舞台の真ん中で火炎放射器を振り回す、この暴力的で政治的な演劇は、高校での上演にはまったくふさわしくない。しかし、そんなことは問題ではない。「天国と地獄」は現実に対するフィクションの勝利だ。進んで不信を一時停止し、創作の世界に入り込もうという者たちに対する、演劇と映画の力の象徴なのだ。「いつかまた会おう……戦いが終わったら」とマックスは舞台で熱く語る。この最後のセリフの後、涙を浮かべた（ビル・マーレイ演じる）ハーマン・ブルームのクローズアップが映し出される。無気力になりかけていたハーマンは、この壮大なフィナーレを目にしたことで、溜め込んでいた感情をついに解き放てたようだ。

マックス・フィッシャー、マーゴ・テネンバウム、ウェス・アンダーソン、そしてほかの誰にとっても、劇場に開演のベルが3回鳴り響いたら、しばし現実を忘れるときだ。そして再び現実に戻ったときには、何かが変わっているかもしれない。⚷

ピーター・パン
サム、スージー、そしてロスト・ボーイズ

子ども時代とその儚さ、それが私たち1人ひとりに刻み込む消えない足跡を描いた素晴らしい映画『ムーンライズ・キングダム』は、児童文学の傑作のひとつ「ピーター・パン」を想起させる。スコットランド人作家J・M・バリーによる戯曲、および同名の小説では、永遠の子ども時代を体現する、決して大人にならない少年の冒険物語が語られる。100歳を超えているというのに、ピーター・パンはまったく年を取らない。果てしない冒険と遊びに満ちた魅力的な人生を送るピーター・パンが、年を取るなどあるはずがない。「子どもは、誰でもいつかは大人になる。たったひとりを除いて」。J・M・バリーの「ピーター・パン」はこうしてはじまる。この冒頭の一文は、素晴らしくもあり、憂鬱でもあり、ある裂け目を開くかのようでもある。それは、死から逃れられるかもしれないという裂け目だ。ピーター・パンはネバーランドへの逃避という別の道を示し、行き方まで教えてくれる。「2番目の星を右に曲がって、朝まで真っすぐ進め」と。想像が最後の避難場所となる、大人の一歩手前の少年少女をヒーローにした『ムーンライズ・キングダム』は、バリーの神話と本質的に同じテーマに基づいている。

まず、舞台となる架空の島、ニューペンザンス島だが、その地図はまるで冒険小説に出てくる"宝の島"だ。退屈と悲しみで行き詰まっている管理職の大人たち（弁護士、警察官、福祉局員など）が、サムとスージーの捜索に向かう。しかし彼らは、この島の魔法のような魅力に気付くことはない。子どもと大人の間の溝がこれほどくっきりと描かれたアンダーソン作品は、ほかにない。大人たちは自らの心配事で心が曇り、冒険心を永遠に失ったように見える。しかし、サムとスージーはまだ、この慢性的な想像力の欠如にあえいではいない。2人の目には、島の未開の荒野は魔法と危険がいっぱいの場所として

映る。バリーの物語では、ピーター・パンとその仲間たちは、人魚やフラミンゴが群れる入り江、インディアンのキャンプ、海賊船の上を飛び回る。彼らは、木の幹をくり抜いてエレベーターをこしらえた地下の家に、一緒に住んでいる。こうしたアイデアはアンダーソンの世界と完璧に調和している。真っ先に思い出すのは、樹齢100年の木の下に掘られたMr.フォックスの見事な隠れ家だ。手づくりにこだわるアンダーソンにとって、間に合わせの装置やさまざまな小屋、ロスト・ボーイズが達人の腕前を見せる独創的なDIYプロジェクトに勝るものはない。当然、カーキ色のユニフォームを着たスカウト隊員（カーキスカウト）たちも、知恵を絞って各種装置をつくり出している。

ピーター・パンの物語を信じるなら、ロスト・ボーイズは乳母車から落ちた後、心ない親が引き取りにこなかった孤児ということになる。ピーター自身も、幼いサムも同じ境遇だ。ネバーランドに取り残された彼らは、偶然と冒険によって結び付いた間に合わせの家族を形成する。ピーターが自分が"船長"だと主張するこの好奇心旺盛な一団は、アンダーソンの映画に登場する代理家族を想起させるが、カーキスカウトたちも、そのひとつだ。仮の家族を完成させるため、ロスト・ボーイズは"母親"を探しに出かける。ピーター・パンでは、ロスト・ボーイズに物語を聞かせる役目はウェンディが担っている。やがてウェンディは彼らの"母親"となり、正式なストーリーテラーになる。ここで、『ムーンライズ・キングダム』のワンシーンがウェンディの物語と響き合う。夕暮れ時のテントで、せっかちなスージーが静まり返った少年たちに本を読み聞かせる。少年たちは彼女の言葉の1つひとつに耳を傾け、物語の続きをせがむ。

騒々しいスカウト隊員たちは、ロスト・ボーイズの一員であっても違和感がない。同じくらい重装備で、戦いにも備えている。「ピーター・パン」と同様『ムーンライズ・キングダム』でも、子どもは無邪気だが、無害なわけではない。

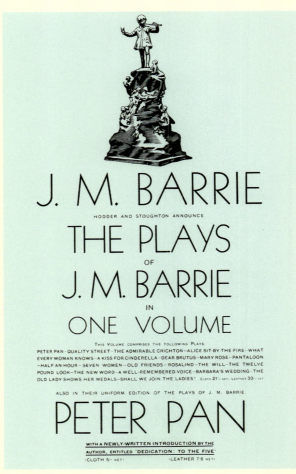

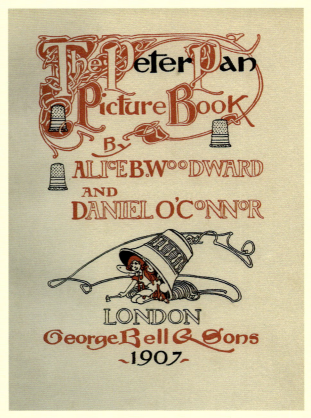

バリーの小説では、ピーター・パンは子ども時代の生命力を体現している。はちきれんばかりに英雄的で、勇気と野蛮さの両面において行きすぎた振る舞いをし、大人社会の要求に従うことを猛烈に拒否する。少年にとって、あらゆるできごとはゲームであり、冒険だ。当然ながら、そのなかでも死こそが究極の冒険だろう。岩の上から離れられず溺れかけたピーター・パンは、奇妙な微笑を浮かべながら言う。「死ぬのは、ものすごい冒険だろう」。これはバリーの主人公の最も曖昧な側面のひとつだ。ピーターは"ネバーランド"で永遠に子どものままでいるよう強いられている。死も生も時間も現実的な意味を持たない中間の世界、宙ぶらりんの状態。小説の終わり、不死身のピーターは、大人になった友人たちから取り残された"悲劇の少年"でしかない。そしてウェンディの家の窓に戻ってみると、彼女も約束を破って大人になっていることに驚く。ネバーランドの思い出を小さいうちから娘に聞かせていたウェンディは、娘のジェーンがピーターと一緒に飛んでいくのを見守る。

バリーはロスト・ボーイズについて、戦いで命を落としたり、少し大人になりすぎたという理由でピーター・パンに殺された少年もいるため、人数が変わることもあると述べている。奔放な子どもらしい本能を取り戻した『ムーンライズ・キングダム』のスカウト隊員たちが、残酷な顔を見せるときもある。彼らの行き過ぎた行動の最初の犠牲となったのは、勇敢なイヌのスヌーピーだ。冒険物語をリアルに語ろうとすれば、現実と同じ危険が必要になる。

『ムーンライズ・キングダム』で、アンダーソンは、私たちが12歳だったころのぼんやりとした記憶を、ふわふわのコットンで包もうとする。思春期に差しかかる前に、当時の純真さ、不器用さ、感情をとっておこうとでもいうように。「ピーター・パン」と同じく『ムーンライズ・キングダム』は、ネバーランドは長居には適さない場所であると認めながら、その幸福な時代と冒険心に満ちた精神を鮮やかな記憶として留めさせようとする作品だ。バリーの小説のエピローグでは、年月が流れ、愛らしいウェンディはとうにこの世を去っている。娘のジェーンも大人になり、今度はウェンディの孫娘マーガレットがピーターに会うために寝室の窓から外に出る。そしてマーガレットが大人になり、彼女にも娘が生まれ、ロンドンの夜空に飛び立ち、2番目の星を右に曲がって、朝まで真っすぐ進んでいく。「このように、子どもたちが陽気で、無邪気で、無慈悲である限り、それはいつまでも続いていくのです」とバリーは結ぶ。

ニューヨーカー誌
アンニュイ=シュール=ブラゼの新聞

「以前から、ショートストーリーを集めたアンソロジーをつくりたかったんです」。ウェス・アンダーソン監督は映画のプレス資料で『フレンチ・ディスパッチ』をこのように紹介している。この雑誌は架空のものだが、実在する複数の新聞を参考にしていることは確実だ。「リトル・レビュー(The Little Review)」「クライテリオン(The Criterion)」「ブルーム(Broom)」「パリス・レビュー(The Paris Review)」をはじめ、『フレンチ・ディスパッチ』にその精神の断片を吹き込み、20世紀の変わり目の偉大な作家たちに発言の場を与えた雑誌は数多い。しかし、もしひとつだけ選ぶとしたら、それは文句なしに有名誌「ニューヨーカー」である。

『ザ・ロイヤル・テネンバウムズ』にニューヨーク文学の神話を散りばめたアンダーソンは、それは10代のころに夢中になった、由緒ある雑誌から引き継いだ伝統なのだと主張する。「私はずっと、ニューヨーカー誌を題材に映画を撮りたいと思っていました。［……］テキサス大学オースティン校に通っていたとき、製本された古いニューヨーカー誌を図書館でよく読んでいました。たまに、J・D・サリンジャーなどの未収録作品が見つかったからです。その後、カリフォルニア大学バークレー校が40年分のニューヨーカー誌を処分しようとしていることを知り、600ドルで買い取りました。［……］1940年代以降の号は、ほぼ揃っているはずです」[1]と、アンダーソンは本家ニューヨーカー誌に語っている。同誌のアンダーソンへの称賛は一方通行ではないようだ。

ニューヨーカー誌は、ハロルド・ロスと、ニューヨーク・タイムズ紙のベテラン記者で妻のジェーン・グラントによって、1925年2月に創刊された。そして、フレンチ・ディスパッチ誌の

編集長であり、"カンザスに世界を届けた"アーサー・ハウィッツァー・Jrは、間違いなくアンダーソンの分身だ。しかし同時に、1925～1951年にニューヨーカー誌のニュースルームを厳格に支配したハロルド・ロスの想像上の分身でもある。さらに監督はそのキャラクターに、1952～1987年に編集長を務めたウィリアム・ショーンの要素を少し加えた。こうして、半世紀以上にわたるニューヨーカー誌の歴史が、ビル・マーレイ演じるアーサー・ハウィッツァー・Jrという人物に体現される。フランスに到着し、サンデー・ピクニック誌に旅行記を載せたアーサー・ハウィッツァー・Jrは、小さい街アンニュイ=シュール=ブラゼに居を定め、カンザス・イヴニング・サン別冊リバティ誌のフランス支局版、フレンチ・ディスパッチ誌を創刊する。長年にわたり、誠実に、忠実に、そして献身的に、作家たちを甘やかし、叱咤激励し、操り、育ててきたアーサー・

---

1. Susan Morrison, "How Wes Anderson Turned The New Yorker Into 'The French Dispatch'," The New Yorker, September 2021.

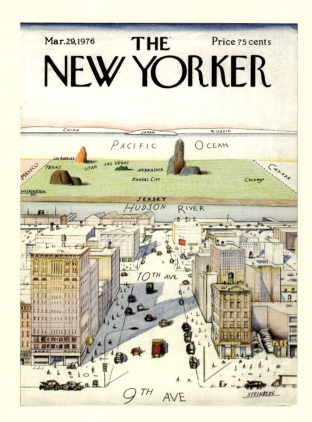

55

ハウイッツァー・Jrは、新聞の編集長としての最後の指示を墓の中から出す。彼が息を引き取った後、フレンチ・ディスパッチ誌は終わりを迎える。印刷機は解体され、オフィスは空っぽになり、スタッフは解雇され、最終号の巻頭ページに編集者と新聞社による追悼記事が掲載される。こうして彼の遺志は遂げられた。

映画公開に際し、アンダーソンは『フレンチ・ディスパッチ』のインスピレーションとなった文章を集めたアンソロジー「An Editor's Burial（編集者の埋葬）」を上梓した。そこにはニューヨーカー誌からの引用が大量にある。このアンソロジーは、映画の真のガイドブックであり、好奇心旺盛な観客に引用元や人物のモデルを明かしている。「これは映画の書籍化ではありませんが、映画に不可欠だった出典が具体的に書かれています。つまり、「元ネタはこれだよ」と伝える方法が欲しかったんです。これがそうだよ、と言いたいんです。この本は、巨大な脚注集のようなものです。［……］絶対に楽しんでもらえるだろうと思っていました。本にしたのは、それが一番の理由です」[2]と、アンダーソンはニューヨーカー誌に語っている。フレンチ・ディスパッチ誌の編集者のモデルとなった作家は数多くいる。ジェイムズ・ボールドウィン、ロザモンド・ベルニエ、メイヴィス・ギャラント、ルック・サント、ヴェド・メータ、ジャネット・フラナーらだ。フレンチ・ディスパッチ誌の誌面から汲み取れるこれらの名前は、カンザス州リバティの本社までさかのぼることができる。実際、フレンチ・ディスパッチ誌は、ニューヨーカー誌の表紙を思わせるイラストの表紙からもわかるように、非常にアメリカ的な雑誌である。

アンダーソンのニューヨーカー誌を映画化したいとの願いが、第2の祖国であるフランスに長編映画を捧げたいという願いと重なった。こうしてニューヨーカー誌は、まるで過ぎ去りし日のパリから抜け出したような、絵葉書のように美しい旧市街、アンニュイ゠シュール゠ブラゼに上陸した。「本作は、友人であり共同脚本家のヒューゴ・ギネスが呼ぶところの"逆移民"を扱った映画になりました。彼は、アメリカ人がヨーロッパに移住するのは逆移民だと考えているんです」[3]とアンダーソン。

2. 同前。　3. 同前。

実際、「ニューヨークの歴史は常にニューヨーク出身ではない人々によって書かれてきた」と、ハロルド・ロスもよく口にしていたものだ。アンニュイ＝シュール＝ブラゼでも同じように、それぞれの分野で抜き出た存在だった外国人作家たちによって物語が語られる。フレンチ・ディスパッチ誌はアンニュイ＝シュール＝ブラゼの大小さまざまな物語を伝える。国際政治、芸術（素晴らしいものからそうでないものまで）、ファッション、美食、ワイン学など、さまざまな内容をニューヨーカー誌と同じ洗練された手法で、事実に基づいて取り上げる。映画は、この架空の雑誌もそうだが、一握りの才能あるアメリカ人（もちろんウェス・アンダーソンも含まれる）の偏った視点からフランスを描き出す。つまり革命が絶えず起こり、芸術作品には妥協が許されず、美食は標準であり必須で、おそらくよそ者には手に負えない居住地だ。この点で、アンニュイ＝シュール＝ブラゼは、ニューヨーカー誌のフランス版支局にふさわしい場所である。

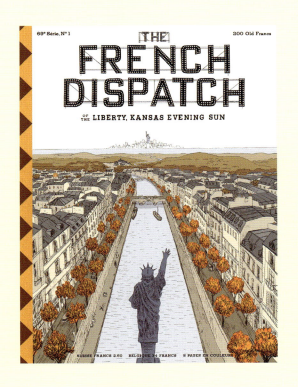

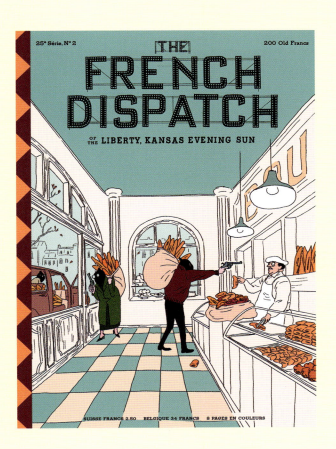

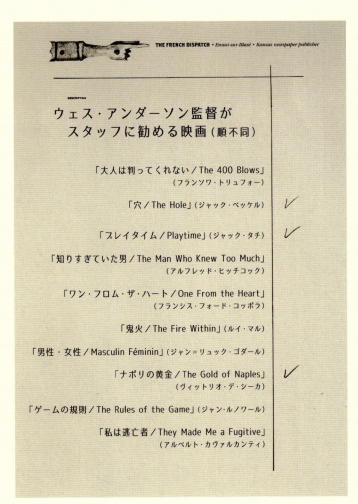

ゼフィレッリのマニフェスト
抵抗と修辞学

「男たちが理想を信じ、そのために命を捧げるのは結構なことだ」[1] と、ジャン・アヌイは戯曲「アンチゴーヌ」で書いている。『フレンチ・ディスパッチ』に登場する学生ゼフィレッリは、次々と浮かぶアイデアを、判読不明の文字でノートに書き留めていく。この革命家見習いが準備しているのは、自由を渇望するロマンチックな若者の原則と決意を永遠に知らしめる、謎の大義をしたためたマニフェスト（宣言書）にほかならない。自由こそ、アンニュイ＝シュール＝ブラゼ高等大学（直訳すると「倦怠感に満ちた退屈な高等大学」）の学生たちが追い求めているものだ。『フレンチ・ディスパッチ』では、ゼフィレッリの原稿は、アンダーソンが作り出したキャラクターたちによって丹念に分析・議論・分解・討論されるが、観客が食いつきたくなるような具体的な内容は示されない。実際、若者たちが情熱のはけ口としているこのマニフェストの内容については、若者たちを団結させるどころか、内輪もめや無駄な争いを引き起こす原因となっていること以外、何もわからない。カフェ・ル・サン・ブラーグでも、即席のバリケードでも、このマニフェストはいつでも騒動の中心にあり、学生たちを派閥に分断し、絶え間ない議論の火種に油を注ぐ。

ウェス・アンダーソンのいたずら心から、この有名なマニフェストを規定する条項は、私たち観客には一切明かされない。ときには、公開の場で読み上げられている様子がジャーナリストのルシンダ・クレメンツのナレーションで伝えられる。マニフェストを読み上げるラジオ放送が中断されたり、まるで授業を復習する学生のような、意味不明かつチャーミングな口調でジュリエットがマニフェストを呟いたりもする。しかし、私たち観客にわかるのは、このマニフェストがアスタリスクや修正跡でいっぱいで、付録が足された悪魔のように複雑な原稿である

---

1. Jean Anouilh, Antigone, 1944（ジャン・アヌイ著「アンチゴーヌ」）

ZEFFIRELLI
ZEFFIRELLI
ZEFFIRELLI

MANIFESTO
"LE SANS BLAGUE"

ZEFFIRELLI
ZEFFIRELLI
ZEFFIRELLI

Prix:0 fr.

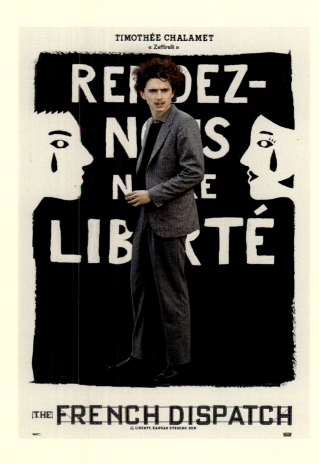

こと、内容が明かされないよう細心の注意が払われているだろうことだけだ。マニフェストが掲げる大義は、さらに観客を混乱させる。熱心な活動家であるジュリエットは、それを「鈍くて、曖昧で、(悪い意味で)詩的な文書」と表現する。

1967年に公開されたジャン＝リュック・ゴダールの映画「中国女」(当時の若者たちの心情をとらえ、多くの点で1968年5月のフランス5月革命を予見していた)と同じく、この映画における反乱は何よりもまず修辞的だ。5月革命の1年前に、ゴダールは文化革命について論じ、世代間の完全な断絶の存在を明らかにした。しかし、この平等主義的なユートピアに出現したのは、明確な提案や具体的な政治的方向性ではなく、矛盾し、曖昧で、不完全な思考や会話だった。ブルジョワ階級向けのアパートに住む口先だけの革命家たちは、スローガン「Il faut confronter les idées vagues avec des images claires(漠然とした概念には、明確なイメージを突きつける必要がある)」を壁に書いていた。「中国女」は、政治的な映画ではなく、政治的な概念についての映画だ。『フレンチ・ディスパッチ』では、アンダーソンがこの2つの距離をさらに引き離し、キャラクターたちは「中国女」ほど自由に議論を交わすことはない。彼らにとって重要なのは革命そのものではなく、革命という浮世離れした概念なのだ。

ジャーナリストのルシンダ・クレメンツは、取材ノートを手に、この抵抗の誕生を目撃し、正確な順序で記す(「政治／詩」面、35～54ページ)。すべては口先だけの革命から始まる。軽快で口の達者な若者たちはカフェに集い、レモネードや砂糖たっぷりのコーヒーを飲む。そのカフェ、ル・サン・ブラーグで、学生たちの怒りをあおる事件が起きる(マニフェストの表紙にも書かれているル・サン・ブラーグとは「冗談抜き」の意味である)。ミッチ・ミッチは「国民的義務」を果たすために徴兵に応じ、マスタード地方に派遣される。脱走したミッチはル・サン・ブラーグの仲間のもとに戻り、抗議行動として軍の記章を焼き払う。学生には拍手で迎えられたが、翌日には逮捕される。雰囲気の良い学生向けのカフェはたちまち、「反動

的新自由主義社会の革命的打倒を目指す若き理想主義者の運動」を組織する学生たちの本部と化す。平たく言えば、年長者に対する若者の永遠の抵抗である。歌手ティップ・トップの肖像は、思想家フランソワ=マリー・シャルヴェの写真に貼り換えられる。シャルヴェとはおそらく、1968年5月のフランス学生暴動を支持した哲学者で作家のジャン=ポール・サルトルを指しているのだろう。

ここからアンニュイ=シュール=ブラゼの学生革命が始まった。真夏には、街の善良な人々の間で、抗議者たちを中傷する密告活動が展開される。9月、カフェ・ル・サン・ブラーグの営業許可が法令により取り消される。10月、学生たちは物理学部の屋上にDIYの海賊ラジオ局を開設する（『ムーンライズ・キングダム』のツリーハウス、ズブロフカの展望台など、ウェス・アンダーソンは危険な高台に建つ構造物が大好きなのだ）。11月、学生たちはカフェテリアの封鎖を計画。12月、ビブリオテーク・プランシパル（中央図書館）が貸出方針を制限する。1月、ミッチ・ミッチが釈放され、両親の厳格な監視下に置かれる。2月、女子寮で学生が蜂起する。3月、ついに革命が本格化する。3月1日、女子寮への自由な往来を獲得するために大学で交渉が進行中。3月5日、抗議のスローガン（「子どもたちは不機嫌だ」）を掲げたデモが厳しく弾圧される。その夜、ゼフィレッリは風呂に入りながら、マニフェストの草案を書き始める（ルシンダ・クレメンツが「少し弱い」と評する文体）。3月10日、学生による大規模な封鎖が始まり、学校、公共交通機関、ゴミ収集サービスに至るまで、街全体が完全に麻痺する。郵便物も牛乳瓶もアンニュイ=シュール=ブラゼの住民のドアには届かない。この街の名前にふさわしく、住民たちは関心をなくしている。学生たちは即席のバリケードを築き、当局の代表者たちと長距離での決闘を繰り広げる。比喩的にも文字どおりの意味でもあるのは、革命の行方はチェスの勝負にかかっているからだ。

学生の敗北が宣言され、ゴム弾が降り注ぐただなかで、ゼフィレッリとジュリエットは口論をやめ、大人の世界で行われるもうひとつのゲーム、すなわち"愛"に身をゆだねる。1968年5月のデモからインスピレーションを得た、

61

このロミオとジュリエットばりの恋人たちにとって、幸せは長くは続かない（名字が、1968年に撮影された映画「ロミオとジュリエット」の監督フランコ・ゼフィレッリと同じことに注目）。

マニフェストにはどのような破壊的な政治思想が含まれているのか？ 誰も知らない。しかし、そのメッセージを広めるためなら命をも懸けるゼフィレッリは、間に合わせのラジオ局に登ってアンテナを修理する。死によって、ゼフィレッリは、ついに自身が尊敬する革命の象徴と同じ存在になった。若者には英雄が必要なのだ。その象徴的なアイコンたちのなかでも、ゼフィレッリが想起させるのは、ヴィクトル・ユーゴーの「レ・ミゼラブル」に登場する蜂起する学生たちと、彼らが世界に対して築いたもろいバリケードだ。ゼフィレッリは、ロマンを抱いた偉大なキャラクター、アンジョルラスに似ていないだろうか。天使のような美貌をもつ若き革命家アンジョルラスは、カフェABCで学生たちのテーブルを取り仕切っていたが、悲劇的な死を遂げる。「人生、不幸、孤立、放棄、貧困は、英雄が存在する戦場だ。無名の英雄はときに名声を得る英雄よりも偉大である」とヴィクトル・ユーゴーは書いている。アンニュイ＝シュール＝ブラゼの若者たちは、自由の象徴のようにゼフィレッリの旗を高く掲げた後、おとなしく学校に戻った。真の降伏だ。

ウェス・アンダーソンの映画では、大きい夢には大きい革命が伴う。若くして倒れたゼフィレッリは、私たち観客にはほとんど知らされない思想のために命を落とした。しかし、彼自身は何を知っていたのだろうか？ 彼の死から数日後の3月15日、ルシンダ・クレメンツは青年の走り書きを見つける。「無敵の彗星が、宇宙の時空間の銀河の果てに向かって、弧を描いて進む。我々の大義は一体何だったのか？」このマニフェスト（現在でも、アンニュイ＝シュール＝ブラゼ高等大学の元学生の何人かの古いノートの間に、くしゃくしゃに丸まった一部が挟まっているかもしれない）は、依然として謎のままだ。しかし、私たちはその中身を知っている。自分は無敵だと思っていたころのまるで彗星のような、熱狂、新しい情熱、そして幻想に満ちた若者の精神的高揚である。🔑

スージーの本
移動図書館

「無人島に行くとしたら、どんな本を持っていく？」これまで何度となく、繰り返されてきた質問だ。即座に決定的な答えが出せれば、ラッキーだろう。スージーはスーツケースに荷物を詰める際、最後の決断を迫られた。図書館の充実した書棚から、旅の道連れとなる、何度も冒険を経験させてくれる本を選ばなければならないのだ。たとえば、スージーが持ちものを調べようと、重い黄色のスーツケースを開けると、カラフルな表紙の大型本がきれいに積み重なっている。当博物館のライブラリーに保管されている、本物の移動図書館だ。

「これが私の本。私は魔法の力が登場する物語が好き。地球上の王国でも、地球以外の星でもいい。いつもは女の子のヒーローがいいけど、毎回じゃなくてもいい。全部は持って来られなかった、重くなるから」とスージーは言う。サムは、スージーの荷物の中身を律儀に手帳に書き留めてから、同じように丁寧にスージーの本を調べる。厚いビニールで保護された表紙から、間違いなくひとつの結論が導かれる。これらは、ニューペンザンス図書館から"借りてきた"本だ。小さい本泥棒を発見したサムは、子どもらしい真剣さで反応する。明らかに返却期限が過ぎた本も……。左利き用のハサミで子

CITY DEPT. OF LIBRARIES NEW PENZANCE

Nan Chapin, illustrated by David Hyde Costello
AUTHOR
Shelly and the Secret Universe
TITLE

CITY DEPT. OF LIBRARIES NEW PENZANCE

Gertrude Price, illustrated by Juman Malouf
AUTHOR
The Francine Odysseys
TITLE

DATE DUE	BROROWER'S NAME

CITY DEPT. OF LIBRARIES NEW PENZANCE

Burris & Burris, illustrated by Eric Anderson
AUTHOR
Disappearance of the 6th Grade
TITLE

DATE DUE	BROROWER'S NAME
FEB	Max Fischer

CITY DEPT. OF LIBRARIES NEW PENZANCE

Isaac Clarke, illustrated by Sandro Kopp
AUTHOR
The Girl from Jupiter
TITLE

DATE DUE	BROROWER'S NAME
NOV 27	Antoine Doinel
JAN 15	Jean-Paul Sartre
FEB 3	CHARLIE BROWN
APR 5	Franny Glass
MAY 22	J. Y. Cousteau
JUN 8	Suzy Bishop

もを刺すのはもってのほかだが、図書館の規則は無条件で守るべきだ。「盗んだの？」とサムは尋ねる。この質問に対するスージーの答えは素晴らしい。「何冊かはそのうち返すかもしれない。まだ決めていないの。悪いことだってわかってる。何か秘密がほしいから、持ってきただけだと思う」。自分の大切な物をうっとうしい弟たちと共有しなくてはならず、親が拡声器で命令するような世界では、12歳の女の子がプライバシーを求めるのは自然のなりゆきだ。しかしそれ以外でも、アンダーソン作品では、女性キャラクターは秘密を胸に秘めている。たとえばマーゴは、大きいできごと（最初の結婚）もささいなこと（喫煙癖）も秘密にしている。スージーも変わらない。表面上はおとなしく、手に負えないときもあるが（短気な彼女は、ものすごい癇癪を起こすことがある）、その内面には活発な精神世界が存在している。彼女はそれを誰もいない寝室で育んでいるのだ。彼女を理解してくれない崩壊寸前の家族。思春期の入り口に立ち、狭い世界で身動きの取れないスージーは、本の中に逃げ場を見い出す。できれば、奇妙な生き物が住み、謎と魔法に満ちた遠い場所へ連れて行ってくれる本がいい。

そこでスージーは、お気に入りの小説6冊をスーツケースに詰める。映画に合わせて公開された短編動画『ムーンライズ・キングダム：アニメーテッドブックショート／Moonrise Kingdom: Animated Book Short』で、これらの本が公式に紹介されている。ボブ・バラバン演じるナレーター（ほかでもない、島の図書館の司書）が、6冊の小説を次々と紹介し、短いアニメーションが物語に命を吹き込んでいる。では登場順に見ていこう。ナン・チャピン著「Shelly and the Secret Universe（シェリーと秘密の宇宙）」は、強力なお守りを持つ10代の体操選手の物語である。家族と疎遠な少女が、ジャンプ台に向かう。「私たちの物語は、彼女のつま先が地面を離れるところから始まる」。思い切って家出しようとしているスージーのために創作された書き出しだ。しかし、スージーの一番のお気に入りは、ガートルード・プライス著「The Francine Odysseys（フランシーンのオデッ

セイ)」だ。この本は、遠い異国タビサの少女と、悩めるライオンの支配者の物語。「かつて我が一族は偉大で高貴なけだものに導かれていたが、もはやこの水面に映る者にその顔を見ることはできない」と、憂鬱なライオンは、きらめく水面に映る自分の姿に向かって告げる。この物語は、スージーが心を砕く自分の家族、ビショップ家の状況を反映しているようにもとれる。妻の浮気に深く打ちのめされ屈辱を受けた父親が、徐々にうつ状態に陥っていく。そしてまた、C.S.ルイスの「ナルニア国物語」シリーズに登場する雄々しいライオン、アスランなど、子ども向けの素晴らしいファンタジー大作をいくつも思い出させる。次に世界の果てのビーチで、スージーはアイザック・クラーク著「The Girl from Jupiter(木星から来た少女)」に没頭する。この作者名は、著名なSF作家であるアイザック・アシモフとアーサー・C・クラークの名前を組み合わせたものだろう。次のバーリス&バーリス著「Disappearance of the 6th Grade(6年生の失踪事件)」は、タイトルからして子どもたちの不可解な失踪事件が起こり、子どもたちを見つけるため、大人たちが街はずれを探しまわるのだと想像できる。次のバージニア・ティプトン著「The Light of Seven Matchsticks(7本のマッチ棒の光)」では、主人公のバーナビー・ジャックとアナベルが小さい偵察隊となり攻撃計画を練る(「これを靴下の中に隠して、真夜中に出発できるよう準備をして」)。最後に、ミリアム・ウィーバー著「The Return of Aunt Lorraine(帰ってきたロレインおばさん)」は、現実的な少女とプロの魔女ハンターである彼女の叔母の物語で、スージーが無事に我が家へと戻ってくることを象徴している。

市販の児童書に見えるが、実はウェス・アンダーソンの弟のエリック・アンダーソンと、ウェスのパートナーであるジュマン・マルーフをはじめイラストレーターたちが、ゼロから作り上げたものだ。ウェス・アンダーソンの細部へのこだわりは、一冊ずつ、それぞれ短い文章を書くまでにおよんでいる。虚と実を絡み合わせてしっかりと結び、そこにフィクションをさらに重ねる念の入れようだ。これらのストーリーはすべて相互に絡み合っており、アンダーソン作品につきものの、ダブルナレーション(二重の語り)の伝統に属している。単なる遊び心、あるいは装飾的なギミックと考えるのは誤りだ。それどころか、メインのストーリーとして展開する

こともある。ウェス・アンダーソンはこのように説明する。「この少女は読書家だろうと思いました。そしてある時点で、なんとなく、たくさんの本を詰めたスーツケースを持たせました。彼女がどんな本を持っているのかを想像しながら短い文章を書き始めると、そのうちに、この映画は彼女が持っている本の1冊に書かれているべきではないか、と思うようになったんです」[1]

最後に、もう1冊の本についても触れておきたい。スージーの移動図書館にはふさわしくないが、それでもスーツケースに入っている。傑作ばかりの小説に混じって冷たく現実的な冊子、ロムルス・トリリング博士の著書「Coping with the very troubled child（非常に問題のある子どもへの対処法）」。サムがスージーに彼女の悩みについて尋ねると、スージーは冷蔵庫の上にあったというこの冊子を見せる。この薄くて黒い本は、素晴らしいイラストが表紙を飾る本とは対照的で、ウェス・アンダーソンの幼いころの思い出が関係している。「実は、そのようなパンフレットを（スージーと）同じくらいの年齢のときに見つけました。まさに、冷蔵庫の上に置いてあったんです。兄弟がそのパンフレットを見つけていたら、2人ともそれが私のことだと気付いたでしょう。間違っても、自分たちだとは思わないはずです。私は自分のことだとわかっていました。兄弟もわかっていたはずです」[2] と、アンダーソンはテリー・グロスに打ち明けている。両親の離婚を経験したアンダーソンは、子どものころに感じた怒りを覚えている。もちろんスージーが学校でも家庭でも問題を起こす原因である癇癪（かんしゃく）は、その怒りに由来している。

スージーが傾倒するファンタジー小説でもそうだが、少女のふつふつとした怒りを表すかのように、ニューペンザンス島の空はどんよりと重苦しくなり、雲に雷が満ち、嵐が迫る。スージーにとっては、嵐が通過し、その通り道にあるものがすべて一掃されてようやく、平穏が戻って来る。そのときまでは想像のパラレルワールドに身を置くのだ。スージーの移動図書館は、神秘的な異次元への入り口のようなものだ。ニューペンザンス島をしばらく離れてほかの世界を探検したり、別の人生を生きられる。無人島に持っていくとしたらどんな本を選ぶ？ もちろん、その島から抜け出せる本だ。

1. Matt Zoller Seitz, The Wes Anderson Collection, Abrams, 2013.
2. Terry Gross, "Wes Anderson, Creating A Singular Kingdom", Fresh Air, 29 May 2012.

IV
ポートレートギャラリー

この広い部屋には、さまざまな形や大きさの絵画が、定規で計ったように整然と並べられている。ここポートレートギャラリーでは、ウェス・アンダーソンの映画世界に登場する、友好的な生物たちを鑑賞していただく。スティーヴ・ズィスー、Mr.フォックス、ロイヤル・テネンバウム、パトリシア・ホイットマンらの姿が見えるはずだ。こうしたキャラクターに生命を吹き込むために俳優が集結するのだが、その多くはアンダーソン作品の常連だ。キャラクターや役者は監督の映画ファミリーのようなもので、綱渡りをしたり火を食う奇術師はいないが、尊敬に値しない父親、野生児、母親、兄弟、ジャーナリスト、シェフ、探検家、スカウト隊員、ジャガーザメ、勇敢なワンちゃんなどで大賑わい。まるで旅するサーカス団だ。想像から生み出されたキャラクターがこのようにおとなしく収まっていると、監督の手のひらに乗った精巧な人形のように思えてくる。一堂に会したキャラクターは、アンダーソンの想像力だけが呼び覚ませる、奇妙な動物寓話集(ベスティアリ)のようでもある。綿密な過程を経てつくり出されるキャラクターたち。これは、彼が自分のキャラクターに深い愛情を注いでいることの証明である(いまさら証明がいるなら)。この部屋のポートレートが私たちをこれほど魅了するのは、どうしてだろう? おそらく誰もが、ギリギリの状態にある、穏やかで無愛想な、少しリズムの狂った、愉快で高揚した、あるいは率直に落ち込んだキャラクターたちのなかに、自分自身の何かを見るからだ。ズブロフカ共和国の奥地からアンニュイ=シュール=ブラゼの学生による革命、またはインドの寝台列車から海底王国の謎に至るまで、自分も仲間に入って多くの冒険をともに経験したいとすら思うかもしれない。リノ・ヴァンチュラとその仲間なら、「冒険、また冒険(L'aventure, c'est l'aventure)」と言うはずだ。アンダーソン作品に登場するキャラクターはどれもこのギャラリーにふさわしいが、ここではそのほんの一部を紹介する。

スティーヴ・ズィスー

オルタナティヴストーリー
幻想的なもうひとつの物語

はじめに、スティーヴ・ズィスーと偉大なるクストー海軍大佐を
結び付ける特徴や特性を（網羅的ではないにせよ）リストアップして
おいた方がいいだろう。

Kingsley (Ned) ZISSOU

Team Zissous H.Q, Pescespada Island WX2700

これには 2 つの目的がある

この文章の信ぴょう性を
高めるため。

来館者の信頼を
決定的に勝ち取るため。

さて、両者に共通する特徴をいくつか挙げてみよう。

1. クストー船長と同じく、スティーヴ・ズィスーは愉快な男ではない。

2. クストー船長と同じく、スティーヴ・ズィスーは赤い帽子をかぶって
   いる。

3. クストー船長と同じく、スティーヴ・ズィスーは息子を悲劇的な事故で
   亡くしている。

4. クストー船長と同じく、スティーヴ・ズィスーはあまり子どもが好きでは
   ない。

5. クストー船長と同じく、スティーヴ・ズィスーは探検の資金を得ることに
   生涯をかけるだろう。

ウェス・アンダーソン作品には必ず、漂流し、存在に対する疑念にとらわれ、自らの運命に疑問を抱くキャラクターが登場する。もちろん、スティーヴ・ズィスーも例外ではない。いつになく不機嫌そうな顔でビル・マーレイが演じているのが、ベラフォンテ号の船長、ズィスーである (クストーの海洋調査船は「カリプソ号」。ズィスーの調査船はアルバム「カリプソ」で知られるハリー・ベラフォンテにちなんで名付けられた)。ズィスー船長ははじめから終わりまで懸命に航路を維持しようとするが、どこに向かっているのかは本人もわからない。しかし、本当の目的は、友人のエステバンを食った (そして結果的に殺した) ジャガーザメであることは、よくわかっている。海洋学者ズィスーは、天然記念物であろうとも、ジャガーザメを殺すと決意している。なぜだろうか？「復讐だ」とズィスーは即答する。このシーンは、クストー船長が批判を浴びることになった、探検チームによるサメの残虐な扱いを思い起こさせる。さらに『ライフ・アクアティック／The Life Aquatic』の後半では、チーム・ズィスーが海底を"探索"するためにダイナマイトを爆発させるショットがある。これもやはり、ダイナマイトを海中に仕掛けた、クストーの探索方法への批判を思い出させる。彼は、これが当時の"生態系調査"のやり方だと主張し、謝罪はしなかった。アメリカの放送局から、サメを撃つシーンや爆破シーンのカットを要請されても、それを拒否した。クストーはかつての過ちを隠すことはせず、自分たち、そして世間の考え方が進化したことに安堵したと表明した。水中世界の探検には目を見張るものがあるが (ウェス・アンダーソンの作品に登場する架空の生物はどれも素晴らしい。クレヨン・タツノオトシゴを見てみたいと思わない人はいないはず)、この映画の中核をなすのはズィスーと (オーウェン・ウィルソン演じる) 息子ネッドの関係である。

ズィスーにとって、これはやっかいで新しい関係だ。(煩わしい) 靴の中の小石であり、即席の息子であるにもかかわらず、ズィスーは自分の思いどおりに彼の外見を整え、ファーストネームを変えようとまでする。若いネッドは、何の前触れもなくズィスー (父親だとは一度も認めていない) の前に現れた。これもまたズィスーとクストーに共通する点だ。クストーの息子フィリップは、何年も父親から離れた後にカリプソ号に乗船した。すべては学びだ。どうすれば50歳を過ぎた男が父親になれるのか？ ズィスーの場合は、本当の意味で父親になることはない。代わりに息子という存在の押しつけがましさに慣れるだけだ。ズィスーは次のように言う。「[……] 私は父親というものが嫌いだし、父親になりたいと思ったことは一度もない」。そう言いながらも、ズィスーは墜落したヘリコプターの残骸からネッドを救い出そうとするが、その努力は報われない。クストー船長と同じく、ズィスーも息子を失う。ウェス・アンダーソンはこの救いようのない運命を受け入れ、独特かつ巧みな表現で映画に組み込むことにした。しかし、少しばかりの不条理なユーモアで観客の感情を和らげることも忘れない。

ズィスーは自分の人生と探検をスクリーンに映し出すことに執着し、できごとがしっかり

"撮れている"か、どのレンズ、どの絞りを使ったのかと、チームにいちいち質問する。これもまた、クストー船長と同じだ。クストーは、自らを何よりもまず"映像作家"だと認識していた。事実、映画界も彼の功績を認め、「沈黙の世界」にパルム・ドール賞とアカデミー賞を授けた。この映画は、(ウェス・アンダーソンにも大きい影響を与えた)ルイ・マルとクストーが共同で監督した作品で、観客はその偉業によってはじめて、未知の世界を目にしたのだ。発明の才に恵まれたクストーは、ズィスーと同じく機械やテクノロジー、今や時代遅れとなったアナログのDIY工作に情熱を傾けた。ズィスーの対極にいるのは、ジェフ・ゴールドブラム演じる大富豪のアリステア・ヘネシー。ハイテク技術を駆使する研究者である。一方、ズィスーは相変わらず可能な限り"職人的"な方法で、自分の仕事に取り組む。スティーヴ・ズィスーは海洋版ウェス・アンダーソンであり、ヘネシーは全知全能のジェームズ・キャメロンの化身であることはすぐにわかる。

しかし大事なのは、ズィスーはスクリーンに映ったカリプソ号の船長クストーを思い起こさせることだ。アンダーソンの狙いは、この映画をジャック=イヴ・クストーの人生を映す鏡として、さらには明るい色調で彩られたパラレルワールドとして描き出すことだった。この作品は、フランス国民に長年愛され続けた元海軍大佐の生涯に起きたさまざまなできごとを、別の側面から見せる空想ドキュメンタリーなのだ。クストーが1997年に亡くなると、彼の功績に世界中から称賛が寄せられた。パリのノートルダム寺院で式典が催され、当時の大統領ジャック・シラクが出席したほどだ。さて、スティーヴ・ズィスーは今ごろどこにいるだろう。おそらく未知の魚を追い求め、ボロ船ベラフォンテ号に乗り込み、自分に従う"野良犬の群れ"(ズィスーは乗組員たちをこう呼ぶ)をぞんざいに扱いながら、伝説の赤い帽子でジャック・クストー船長の思い出を称え、広大な海を果てしなく航海し、誇らしげな視線を水平線に向けているだろう。🗝

ジャガーザメ
大海原の恐怖

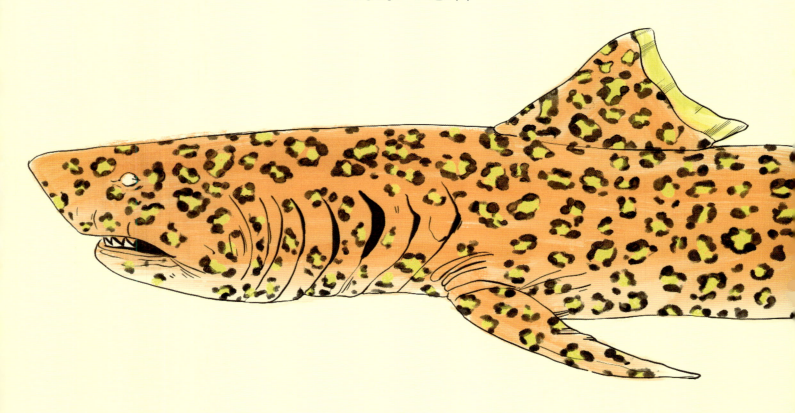

スティーヴ・ズィスーにとっての、エイハブ船長の白鯨。ズィスーにとっての海獣レビヤタン、聖書的における混沌の具現化であり、人類を飲み込もうとする恐ろしい悪の存在。それはジャガーザメだ。たとえ、そのジャガーザメが飲み込んだのがズィスーの戦友で、チーム・ズィスーの元メンバーのエステバン・デュ・プランティエただ1人だったとしても同じことだ。ズィスーは今、生涯の友人を奪った海洋生物ジャガーザメに限りない憎しみを抱いている。ロカスト映画祭でエステバンの生前最後の映像を披露するも、観客はズィスーの不幸にそれほど関心を示さず、質問攻めにされる。これからどうするのですか？「[……]あのサメだかなんだか知らない化け物を追い詰めて、殺すつもりだ」と、ズィスーは決意に満ちた表情で答える(かなり落ち込んだ表情でもある)。

スティーヴ・ズィスーは、まるで「白鯨」のエイハブ船長が捕鯨船ピークォド号に乗り込むように(つまり、鉄の意志と正気かどうか疑わしい精神で)ベラフォンテ号に乗り込み、新たな探求に全身全霊を傾ける。海洋学者のズィスーにとって、世に彼の存在を再度認めさせるには、ジャガーザメのような風変わりで奇妙な生物の存在を世界に証明するほかはない。しかし、これはまた、深い喪失感に打ちのめされ、友人の仇を血で討つことを使命とする男の冒険の旅でもある。この点において、つつましいジャガーザメとスティーヴ・ズィスーの関係は、年老いたエイハブ船長が帆を風にはためかせ大海原をさまよい、白鯨を追い求めるハーマン・メルヴィルの傑作小説「白鯨」を彷彿とさせる。復讐心に燃えるエイハブ船長は、かつて自分の足を奪ったモンスターを追って世界の海をさまよう。船長

Shark Location
Coordinates
14°30'25"N x 59°18'27W
TOTAL
860.30734°

の残虐な探求の背後にあるのは、善と悪の間の比喩的な葛藤、プライドと執着に駆られた恐ろしい戦いである。愚かな老人エイハブにとって、この世のすべての苦しみ、悪意、恨みがやがてこの海獣に具現化され、戦うことでそれらと対峙する。ジャガーザメについても同じだ。人生の意味を見失ったズィスー船長が感じる苦しみや痛みをすべて凝縮しているのが、このジャガーザメなのだ。

海に棲む奇妙な怪物の存在を示す証拠は映像に残されていないが、銛に取り付けられたビーコンはジャガーザメにしっかりと刺さったままだ。いくつもの冒険の末、やがて乗組員をその居場所へ導くことだろう。小さな黄色い潜水艦ディープ・サーチの狭い船内に乗り込んだベラフォンテ号の乗組員たちは、最後の最後に、暗い海を優雅に、滑るように進む巨大なジャガーザメと対面する。発光する大きい斑点のあるそのサメは、潜水艦の上をゆるやかに泳いでいく。もちろん、ズィスーとのあまりに人間的な対決のことなど知る由もない。「ああ、エイハブ」スターバックは叫んだ。「3日目の今でも遅くない。やめるにはまだ間に合う。見なさい！ 白鯨はあなたを求めていません。あなた、あなたこそが、狂ったように白鯨を求めているのです！」[1] とハーマン・メルヴィルは書く。エイハブが断固とした狂気で乗組員を破滅に導いたのに対し、ズィスーは長い間追い求めてきた宿敵ジャガーザメの美しさに魅了され、復讐を捨て、自分と乗組員のために別の道を選んだ。「どっちにしろ、ダイナマイトも使い果たした」

1. Herman Melville, Moby Dick, chapter 135, 1851（ハーマン・メルヴィル著「白鯨」第135章）

ジョプリング
ズブロフカの鬼

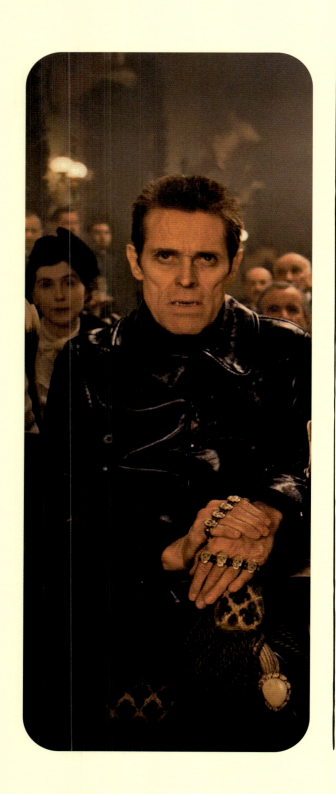

無慈悲、誰にも止められない、残酷、血に飢えた、野蛮、凶暴、非人間的、無神経、冷淡、どう猛、邪悪、残忍。J・G・ジョプリングはこれらすべての特徴を体現している男だ。ウェス・アンダーソンの世界に登場するキャラクターのなかで、疑いようもなく最も冷酷で危険なのがジョプリングである。腹黒いドミトリー(エイドリアン・ブロディ演じる、紛れもないろくでなしで未来のファシスト)に雇われたJ・G・ジョプリングは、ある意味、壮大な冒険映画『グランド・ブダペスト・ホテル／The Grand Budapest Hotel』のターミネーターだ。ネベルスバートのルッツで、凍てつく寒さの通りを徘徊するジョプリングは、常に警戒を怠らず、狂ったように目を見開き、歯を食いしばり、いつでも獲物に飛びかかる準備ができている。

襟元に複数の隠しポケットがあるチャコールブラックのレザーコートをまとったジョプリングは、常に酒の入った小さなフラスコ瓶、リボルバー、そして鋭利な刃物を何本か持ち歩いている(ウェス・アンダーソンの世界では、コートまで驚きと隠れたディテールに満ちている)。ドクロの飾りがついた指輪をはめ(本当に悪い奴だ!)、髪は驚くほどしっかり固められたブラシのようなクルーカット、そして歯が見える不気味な笑み。ジョプリンは完璧な悪役の要素をすべて備えている。さらに、ウェス・アンダーソンの描くこのキャラクターは、さまざまな悪役が登場するスリラー映画の伝統にのっとっている。たとえば、美術館での追跡シーンは、アルフレッド・ヒッチコックの「引き裂かれたカーテン」への直接的なオマージュである。鋭い牙をもち、吸血鬼ノスフェラトゥのような風貌のジョプリングは、どこか芝居がかった悪役だ。しかし、アンダーソンが創り出したこの小さい世界(ホ

テル)を巨大な菓子店くらいにみなしている観客に、そうでないことを思い知らせる存在なのだ。幸せな菓子店どころか、上品で落ち着いた色調のグランド・ブダペスト・ホテルを背景に、暴力による鮮血の赤が飛び散るのは避けられない。ジョプリングが登場する場面は特にそうだ。ウェス・アンダーソンは、繊細さと美しい感情表現に秀でた映画監督であると同時に、映画の世界の暗黒面を追求することも恐れない。大方の予想とは裏腹に、このテキサス出身の監督の世界では拳が入り乱れ、銃弾が降り注ぎ、(人間とイヌの)死傷者が続出する。アンダーソンの映画には暴力の描写はないはず、と疑っている人がいるなら、ジョプリングは、その疑いを払拭するのに十分な説得力があるはずだ。その悪行三昧の過程で、悪党ジョプリングは冷酷な殺人を犯し、罪のない女性の首をはね、指を何本も切り落とす。なかでも極悪なのは、可愛いペルシャ猫を窓から投げ捨てたことだ。15メートルほど下の前庭で、腹から内臓がこぼれ、血だまりの中で横たわる猫。こうした間、

ジョプリングは一切の感情を見せない。ウィレム・デフォー演じるこの残忍なジョプリングは、昆虫をバラバラにする楽しみを見つけた子どものようだ。ジョプリングに比べれば、デフォー演じるグリーン・ゴブリン(「スパイダーマン」監督サム・ライミ、2002年)など、真夏の地中海のビーチにいる、愛想のいいアイスクリーム売りのようなものだ。

もうおわかりだろうが、哀れにもズブロフカの山頂から突き落とされるこの男は、ウェス・アンダーソンが思い描く最も絶対的な悪の姿なのだ。確かにジョプリングは冷酷なやからだが、時計の針が4時を告げ、ルッツに夜のとばりが下り、氷点下にまで気温が下がったら、彼と一緒に暖炉のそばで高級なドライベルモットを一杯いただきたいものだ。⚷

J.G Jopling, Esp.
PRIVATE INQUIRY AGENT

ロイヤル・テネンバウム
悪いお手本

周知のように、ウェス・アンダーソンの作品には、多かれ少なかれ悲惨な父親像があちこちに登場する。不甲斐ない父親、移り気な父親、不在の父親、見事に無責任な人物、病的な嘘つきなどがアンダーソン作品に頻繁に登場し、大人になるのは単に成長する以上のことを伴うのだと思い知らされる。しかし、このような父親失格の生き物（『アンソニーのハッピー・モーテル／Bottle Rocket』のヘンリー氏から、『ライフ・アクアティック』のスティーヴ・ズィスー、『天才マックスの世界／Rushmore』のハーマン・ブルームまで）のなかで、アンダーソンらしいダメな父親を永遠に、見事に体現する人物がいる。この究極の家父長が、ロイヤル・テネンバウムである。

アーチャー通り111番地にある豪華な赤レンガ造りの家が、ニューヨークのテネンバウム宅だ。ロイヤルと妻のエセルが、3人の才能豊かな子どもたちに囲まれて暮らしている。チャスは幼いながら実業家、リッチーはテニスのチャンピオン、マーゴは養女で新進の劇作家だ。テネンバウム家の子どもたちには輝かしい未来が約束されていたにもかかわらず、あるとき突然、父親は後先を考えずに家と家族を見捨てる。失望、失敗、災難だらけの20年の後、観客はテネンバウム家の子どもたちと再会する。彼らは30代になり、人生に幻滅したり、ひどく神経質になったり、あるいははっきりと鬱になっている。この22年におよぶ長い不在の間、ロイヤルはリンドバーグホテルのスイート604号室で、貯金が尽きるまで平穏な生活を楽しんでいた。グレーのダブルのジャケットを着こなし、ストライプのネクタイをきちんと結んでいるが、弁護士資格を剥奪されて久しい。一文無しで貧困にあえぎ、エセルの再婚の知らせにいささか気分を害したロイヤルが考えていることはただひとつ、テネンバウム家で自分の正当な地位を取り戻すことだ。簡単には思い通りにならないと知ると、このような状況で唯一できること、つまり恥知らずな嘘で同情を集めようとする。ロイヤルが不治の（嘘の）病であることを聞きつけると、かつての神童たちが次々と戻ってくる。

映画『ザ・ロイヤル・テネンバウムズ／The Royal Tenenbaums』は小説として描かれているが、そのテンポの良いオープニングには、観客を嵐の目へと真っすぐに突っ込ませる何かがある。ウェス・アンダーソンのほろ苦い世界では、子どもはすでに大人であり、大人はまだ子どもなのだ。

テネンバウム家の子どもたちが、大人顔負けの態度と生真面目さを備えているのに対し、父ロ

79

イヤルは軽薄で無責任な人物だ。しかし、不誠実な行為でさえ、まるで現行犯逮捕された子どものように、反抗的で率直な魅力がある。これは、アンダーソン作品に非常に多く見られる、逆転した価値観である。プロローグからして、ロイヤルは、その義務の不履行を非難する長いリストを介して登場する。まず夫として、数々の不倫をしぶしぶながら認めたとき。そして父親として、子どもたちを次々に失望させたこと。たとえばロイヤル・テネンバウムは、長男チャスの商才を、彼を欺いてでも利用する。BB弾で遊んでいるときも、仲間のはずの息子に「チームなんてない」と言い放ち、ゲームを台無しにする。マーゴに対しては残酷な区別をし、人に紹介するときには、養女なのだと念を押す。彼女をいつだった「ハーフ・テネンバウム」とみなすのだ。最後に、ロイヤルは息子のリッチーを公然とひいきする。とはいえ、彼が父親らしい態度をとるわけではない。リッチーの穏やかな気質や芸術的な感性をまったく理解せず、ニューヨークのスラム街で闘犬のような怪しげな冒険に引きずり込むのだ。

ウェス・アンダーソンとオーウェン・ウィルソンが共同で書き上げたこの脚本では、キャラクターたちがしっかりと舵取りをしている。監督はこう語る。「ストーリーができるずっと前から、キャラクターとその人物像はおおむね決まっていました。映画づくりがプロットから始まったことはありません。キャラクターをもとにプロットができ、それがいつの間にか引き継がれていきます［……］当初ロイヤルは主役ではありませんでしたが［……］そのキャラクターが現れてプロットを引き継ぎました。というのは、ロイヤルがストーリーを動かしたからです」。[1] アンダーソンのなかでは、ロイヤル・テネンバウムの顔ははっきり決まっていた。このひどい父親の役は、ジーン・ハックマンのために特別に書かれたのだ。監督いわく、ハックマンは「しぶしぶ」[2] 役を引き受けたとのこと。ハックマンの言い分はこうだ。「ウェスに、私のために役を書かないでくれ、と伝えた。そもそも、私は自分ために書かれた脚本が好きではない。というか、誰かが勝手に考えた私のイメージに縛られるのが好きじゃないんだ。それで、ちょっと話した。監督にそんなことを

1. 『ザ・ロイヤル・テネンバウムズ』プレス資料, Touchstone Pictures, 2001.
2. Matt Zoller Seitz, The Wes Anderson Collection, Abrams, 2013.

しないよう言ったのに、結局やったわけさ！」[3] 一度オファーを断ったものの、ジーン・ハックマンは最終的にこの家長役を引き受け、豪華キャストの主役を務めた。もちろん、『ザ・ロイヤル・テネンバウムズ』には、監督の自伝的な詳細が随所にちりばめられている。エセル役の役作りとして、ウェス・アンダーソンはアンジェリカ・ヒューストンに自分の母親の写真を数枚送った。ヒューストンの役柄と同じく、監督の母親の職業は考古学者である。さらに、ヒューストンに母親と同じ眼鏡をかけるよう頼んだ。しかしアンダーソンは、自身の父親とあの素晴らしいろくでなしロイヤル・テネンバウムとの類似性については、「何もない」と常に否定している。

テネンバウム家の父親がアーチャー通りの角に建つ我が家に戻るのに、22年かかった。救いようのない人間であるロイヤルの贖罪には、彼の家族の救済も含まれている。ロイヤルは、自分にしかできないやり方、つまり大嘘によって、バラバラの家族をひとつにまとめようとする。テネンバウム家の子どもたちにとって、解決の道はただひとつ。それは、大惨事の震源地である子ども時代の家に戻り、父親の怠慢を許し、どうにかして一人前の大人になるすべを学ぶのだ。大嘘がばれたとき、年老いたペテン師ロイヤルは、子どもたちと一緒に過ごした数日間を感傷的に振り返るが、自分自身の言葉に驚き、それが本心なのだと気付く。これらは、『ザ・ロイヤル・テネンバウムズ』に命を吹き込む小さい啓示である。ロイヤルは、アンダーソン作品を貫く普遍的で親密なテーマの明確な先駆けだ。すなわち心の絆、自ら選ぶ家族、そして自ら修復する家族だ。人生の冬に差しかかり、その幕が下りる前に、ロイヤル・テネンバウムはこの気まぐれで機能不全に陥った家族のなかに自分の居場所を取り戻そうとする。子ども時代から抜け出せずにいる脆い人間がそろったテネンバウム一家は、ある同じ願望に突き動かされている。家族に属したいという願いだ。「ずっとテネンバウムの一員になりたかったんだ」。イーライがリッチーに言う。ドアの枠に立ち、ため息をつきながらロイヤルがこう答える。「私もだよ。私も」

3.『ザ・ロイヤル・テネンバウムズ』プレス資料, Touchstone Pictures, 2001.

ムッシュ・グスタヴ
黄金の鍵を持つ男

彼は、誰もが認めるこのホテルの支配人である。黄金の鍵を持つ男、白い粉砂糖をいただく山々の間に誇らしげにそびえ立つ、巨大なピンクと白のウェディングケーキの"パティシエ"なのだ。グランド・ブダペスト・ホテルの全盛期において、ムッシュ・グスタヴはあらゆるものの守護者であり、ある種の確立された秩序(やや古臭い)の番人であり、世界の現在あるべき姿、そして残したい姿の勇気ある擁護者であった。彼はそんな使命に人生を捧げている。迫り来る暗黒の日々に、危機に瀕した文明を瀬戸際で守る最後の砦となるであろう、豪奢なホテルの名声と威信を守っているのだ。実際、グランド・ブダペストのきらびやかなピンク色の壁の裏には、まだ名もなき悪がひっそりと息づいている。その悪はやがて不吉な名前を名乗り、「ZZ」の文字がホテルの壁を黒く汚すことになる。しかし、全体主義がズブロフカ共和国の門前に迫るなか(トランスアルパイン・ヨーデル紙の朝刊が警告を発しているのに)、ムッシュ・グスタヴには解決すべき私的な問題がある。

ムッシュ・グスタヴは、単にヨーロッパのエリートに仕えているだけではない。彼は、このホテルの心であり、魂だ。ゼロ・ムスタファが認めるように、グランド・ブダペスト・ホテルの著名な顧客たちがホテルに集うのも、彼が目当てなのだ。実際、ムッシュ・グスタヴは、この衰退しつつある貴族階級に身も心も属している。彼の出自が質素な家柄であることは、観客にもわかっている。生まれながらの貴族ではなく、嗜好、思想、そして愛着が現在の彼をつくりあげたのだ。このホテルの優雅なコンシェルジュ、ムッシュ・グスタヴは時として声を荒げること

もあるが、非の打ちどころのないマナーを備えた人物であり、スタッフに熱のこもった朗読を聞かせるほど詩を愛し、絵画を愛するあまり盗むこともある人物だ。また、グランド・ブダペストにやって来ては孤独な日々を過ごす上品な老婦人たちの親しい友人でもあり、彼女たちの孤独を和らげることにも尽力している。良識の広告塔であり、番人でもあるムッシュ・グスタヴは、少なくともドイツ語、英語、イタリア語の3か国語を話す。しかし、彼がその優雅さを身に付けたのが、詩を愛するがゆえなのか、それとも裕福な未亡人を愛するがゆえなのかは定かではない。つまるところ、ムッシュ・グスタヴの出自は重要ではない。ベルボーイだった彼は、この古き良き世界において、美しく、軽やかで貴重なものに人生を捧げているのだ。この頑固なまでの軽やかさはおそらく、グスタヴというキャラクターをウェス・アンダーソンに最も密接に結び付けるものだ。どんなに暗いテーマでも、体を張ったドタバタコメディでも、ユーモアのセンスを失うことなく、変わらぬ優雅さと気品をもって扱う能力だ。

しかし、"砂糖の味"は、ファシストによる破壊的状況が迫りくる感覚をすっかり隠せるほどには甘くない。そして、ムッシュ・グスタヴというキャラクターのなかに、旧大陸を熱烈に愛し、この映画でも最後にオマージュが捧げられている、(口ひげを生やした)シュテファン・ツヴァイクの姿が見える。当博物館のライブラリーにも、オーストリア人作家ツヴァイクの回想録がいくつか収蔵されている。ツヴァイクは、自分の世界そして"心の故郷"とみなしていたヨーロッパの崩壊に直面し、自ら命を絶つことを選んだ。一方、ムッシュ・グスタヴは、マダムDの遺産を手に入れ、長い間求愛し続けてきた上流社会の一員になることで、つかの間の幸福を味わう。その幸せが長く続かなかったのは、無謀さあるいは勇敢な平和主義に突き動かされて、美しい故国を奪った侵略者に敢然と立ち向かったからだ。表舞台から去るムッシュ・グスタヴは、たっぷりと振りかけていたコロン(ル・パナシュ)と同じく、優雅で堂々としている。⚷

「少年と林檎」の肖像画
ロット117

「少年と林檎」が典型的なイタリア・マニエリスムの作品であることは、言うまでもないだろう。ドイツ・ルネサンスの影響を色濃く受け、ハプスブルク家やチューダー家といったヨーロッパの偉大な王朝のエッセンスを少しだけ取り入れている。要するに「少年と林檎」は、美術史を学ぶ学生たちに向けた愉快なジョークに過ぎないのかもしれない。しかし、本当にそれだけだろうか？ 禁断の果実をかじろうとしている、この著名な見知らぬ人物の著名なポートレートは、ユダヤ教とキリスト教の強力な隠喩でもある。間違いなく当空想博物館の権威あるポートレートギャラリーの壁にふさわしい作品だ。来館者の皆さま、もっと近くでご覧ください。

憂鬱そうな少年の顔の横に書かれた、大袈裟なラテン語の文言を信じるならば、この少年は「第11代公爵の一人息子で、描かれたのは西暦1627年」だ。重厚な赤いベルベットのカーテンを背に、斜めを向いて座るブロンドの少年は、画家ジョルジョ・デ・キリコの自画像を思わせる。物思いにふけりながら、鑑賞者を観察しているようだ。ラファエロの「リンゴを持つ青年」、フィレンツェ出身のブロンズィーノの「本を持つ青年の肖像」、ドイツ出身のアルブレヒト・デューラーの自画像など、この作品に向き合うと、さまざまな作品が思い起こされる。ブロケード（豪華な紋織の一種）、ベルベット、クロテンの毛皮を身にまとった少年は、奇妙にねじ曲がった指で不和の象徴であるリンゴを持っている。不和とは、オリンポスの女神たちの間に起きたものでなく、優雅なムッシュ・グスタヴ、陰気なドミトリー・デゴーフ・ウント・タクシス（この華麗な架空の姓は、侯爵家トゥルン・ウント・タクシスに由来する）の間の不和だ。

グランド・ブダペストの歴史におけるこの肖像画の重要性を理解するには、頑固者のムッシュ・グスタヴに目を向けなくてはならない。彼はホテルの部屋で、高齢のマダムDと"密会"している。（相応の年齢だとしても）やや疑わしい形で突然亡くなったマダムDは、1枚の貴重な絵画を良き友人に遺す。蔑ろにされた相続人たちが、殺害された伯爵夫人の宝であるこの絵画をなんとしても取り戻そうとするのを承知していたムッシュ・グスタヴは、親切な使用人たちの協力を得て、絵画を盗む。簡素に「少年と林檎」と題されたこの肖像画は、（架空の）画家ヨハネス・ファン・ホイトル二世（1613〜1669年）の作品とされている。しかしこの「少年と林檎」は、ルネサンス様式で描かれた貴重な偽の肖像画である前に、"マクガフィン"の見事な例として評価すべきだ。巧妙なプロットデバイスであるマクガフィンとはつまり、アルフレッド・ヒッチコック本人がフランソワ・トリュフォーに語ったと

ころによると、「映画全編に、主人公たちが追い求める動機となる、劇上のアイテムを導入すること」である。物語の強力な推進力となるマクガフィンは、追い求める人物に応じてさまざまな形をとる。スパイなら極秘文書、ギャングなら札束の詰まったブリーフケースだろう。当然ながら、ムッシュ・グスタヴにとってのマクガフィンは、最高に洗練されたものでなくてはならない。謎のアタッシュケースを追う主人公もいれば、マルタの鷹を追う主人公もいるように、ムッシュ・グスタヴとドミトリーは「少年と林檎」を奪い合う。だが、すべてのマクガフィンと同様に、その絵画は最終的にはまったく取るに足らないものだと判明する。歴史的な観点から見ると、この絵はウィーンの由緒ある美術史美術館に展示されることはなく、残念ながら、かつての栄光を失ったホテルのロビーに飾られることになる。物語の観点からも同じだ。その価値は絵画そのものではなく、木枠とキャンバスの折り目で巧妙に隠されたマダムDの遺言状にある。

ヨハネス・ヴァン・ホイトル二世（ヴァン・ホイトルが誰かは知る由もない）によるこの絵は、実際には、英国人の画家マイケル・テイラーが描いている。ルネサンスの巨匠たちへのオマージュであるこの絵は、栄華と特権に浸りきり、自らの運命に気付かなかった中央ヨーロッパの特権階級の暗喩だ。さらに、ゼロ・ムスタファとムッシュ・グスタヴは、この絵を（偽物の）エゴン・シーレの絵と急いで掛け替えた。サッフォー風のラブシーンを描いた、鋭角的な線と生々しい裸体が特徴の現代絵画だ。そう、我らの優雅なコンシェルジュは"世の新しい流行"には興味がなく、それを目にしても何とも思わない。真のモダンアートの傑作を、おそらくは無価値な「少年と林檎」と取り替えてしまう。エゴン・シーレの作品は、捻じ曲げられ、慎みなくさらけ出

された肉体が描かれていることから、ナチスによって"退廃芸術"とされた。不道徳とみなされたシーレの作品は、ほとんどがナチス政権によって略奪された。つまり、「少年と林檎」を無邪気なジョークとして楽しむ一方で、私たち観客はそのオチについて考えなくてはならない。体制側の人間である恐ろしいドミトリーは、壁にあるはずの絵がないと気づくと、怒りにまかせてエゴン・シーレの（偽物の）絵を破壊する。この見る目のなさはある意味で微笑ましいとも言えるが、破壊された作品はエゴン・シーレの失われた絵画のひとつであり、もしかするとファシスト政権が世界から奪った数多くの絵画の最初の1枚という可能性もあるのだ。ウェス・アンダーソンは、この2枚の絵画を巧みに利用して、繊細かつ象徴的にフィクションのなかにフィクションを織り込んだ。🗝

パトリシア・ホイットマン
修道院長

ウェス・アンダーソン作品には、失脚した父親、未熟な父親、信頼できない父親がたくさん登場する。家族の生活に顔を出すのは、その結束を厳しくテストする存在としてである。また、家族というテーマは監督の中心的な関心事でもあるため、母親のキャラクターも常に登場する。監督の複数の作品で、母親役を見事に演じてきた1人の女優がいる。彼女はアンダーソン一門の母であり、無秩序な一族に優しくも厳しいまなざしを投げかける。このアンダーソン作品におけるゆるぎない母親は、ほかならぬアンジェリカ・ヒューストンだ。

『ザ・ロイヤル・テネンバウムズ』でウェス・アンダーソンは、ヒューストンのための役、女家長エセル・テネンバウムを書いた。温厚で洗練されたヒューストンを高く評価するアンダーソンは、その役を、自分の実母であるテキサス・アン・アンダーソンに、多かれ少なかれ意識的に似せて描いた。ヒューストンにはすぐに、キャラクターのスケッチと、エセルと同じく考古学者であるテキサス・アンの写真が数枚渡された。「序盤のシーンのために、彼は母親が実際に使っていた古い眼鏡まで作ったのよ。私は思わず監督に尋ねたわ、『ウェス、私はあなたの母親を演じているの?』って。彼は私の考えに驚いたと思う」[1] とヒューストンは笑う。愛情深く、子どもたちと親密な関係をもつ母親であるエセルは、夫ロイヤルが家族に与えた破壊的な影響を補おうとするが、ついに彼を家から追い出す。アンジェリカ・ヒューストンいわく、それは「必要な心の痛み」だ。[2] 結婚生活の破綻とロイヤルのあからさまな無責任さに直面した母親エセルは、自らのキャリアを維持しな

1.『ザ・ロイヤル・テネンバウムズ』プレス資料, Touchstone Pictures, 2001.
2. 同前。

がら、子どもたちの将来を確実にするために全力を尽くす。エセルは奇跡を起こすつもりで奮闘するのだが、多くの犠牲を強いられる……まずは自身の私生活だ。「実を言うと、この18年間、男性と寝ていないの」と彼女は求婚者のヘンリーに告白する。

ウェス・アンダーソン作品には、ほかにも重要な母親像が登場する。子ギツネのために安全で平和な家を建てようと決意する、勇気ある母ギツネのフェリシティ・フォックスだ。そして、やはりアンジェリカ・ヒューストンが演じた代理母、エレノア・ズィスーがいる。事実エレノアは、子どもをもつという願望を夫に抑えられながら、チーム・ズィスーを見守る母親のような存在であり、チームの作戦の本当のブレーンでもある。『ムーンライズ・キングダム／Moonrise Kingdom』のビショップ夫人のように、誘惑に弱い母親もいる。不倫という罪を犯している彼女は、母としての役割と妻としての役割の両方を裏切っているように見える。家でメガホンを使って子どもたちを呼ぶのは、子どもたちと自分との物理的および感情的な距離を認めていることを示す。彼女が娘や夫と話すとき、その距離は彼女が固執する弁護士用語によって維持され、家族関係に奇妙な堅苦しさをもたらしている。しかし、ビショップ夫人はエセルと同じように献身的な母親であり、ウェス・アンダーソンのキャラクターには珍しい、親密な

面さえ持ち合わせている。バスルームでの2つのシーンが、この母親らしい優しさの証拠だ。『ザ・ロイヤル・テネンバウムズ』では、落ち込んでバスタブから出られないマーゴを、エセルが救い出す。『ムーンライズ・キングダム』では、ビショップ夫人がスージーの長い髪を洗いながら、心を開いて会話する。ウェス・アンダーソンの作品では、その不在によって際立つ母親像もある。たとえば、『天才マックスの世界』のマックスの母親、『ザ・ロイヤル・テネンバウムズ』のチャスの妻、『アステロイド・シティ／Asteroid City』のオーギー・スティーンベックの妻のように、夫や子どもを置いて早すぎる死を迎えた母親たちである。遺された者の悲しみが、作品の真の重心になっているのだ。父親が何の義務も果たさない世界、大人と子どもの役割が正常に機能しない破滅的な混乱の世界において、ウェス・アンダーソンの作品では、母親の存在は世界の安全装置であり、錨（いかり）でもある。それゆえ、母親の不在はなおさら残酷なのだ。

アンダーソン作品の中心にもうひとり、特別な母親が登場する。アンジェリカ・ヒューストンの自宅に2体の修道女の像が届いたとき、彼女は何かが進行中だと確信した。『ダージリン急行／The Darjeeling Limited』のパトリシア・ホイットマンは、エセルとは正反対のキャラクターで、諦観した母親として描かれている。夫が亡くなると、パトリシアは成人した息子3人を残して、

何も知らせずに国から去る。彼女はインドへと飛び、ヒマラヤ山麓に建てられた修道院でスピリチュアルかつ利他的な生活を送る。ホイットマン兄弟による壮大な冒険の旅には、はっきりと言葉にはされない目的がある。もちろん、母親を見つけることだ。しかしそれは、母親と向き合うためというより、息子たちが自身の心の傷を癒すためである。ヒマラヤ高地に到着したホイットマン兄弟は、自立した、反逆的な女性に出迎えられる。彼女は母性本能に乏しく、成人した息子たちの抱える人生の不安に対して答えをあげるつもりは毛頭ない。そして、兄弟の質問に曖昧かつ独断的に答える。「あなたたちは"彼女"と話しているのよ。ほかの誰かと話しているの。それは私ではないわ。あなたたちの質問には答えられないし、自分をそのような人物とも思っていない」。明らかなのは、3人の息子たちには、現実と嘘（人食いトラは実在したが）の区別が難しいことだ。そして、母親の神秘主義的な態度が本心の表れなのか、不愉快な状況から逃れるためのごまかしなのかもわからない。静かな感動の再会を経て、パトリシアは夜の闇に消える。戸口に置かれた息子たちの朝食が、最後の愛情表現だ。パトリシア・ホイットマ

ンは母親失格だろうか？ そうとは言い切れないし、映画はそのような結論を出すことを慎重に避けている。『ダージリン急行』が広い視野で示しているのは、自分のなかに見出せない答えを両親に求めてしまうことへの誘惑だろう。「お互いに知らないことがたくさんあるわね」と、パトリシアは嘆く。子どもは親のことをどれだけわかっているのだろう？ 神秘的で儚いパトリシア・ホイットマンのキャラクターは、ウェス・アンダーソンの全作品で最も大きい謎を投げかける。🗝

Mr. フォックス

Mr. フォックスと Mr. アンダーソン

Mr. フォックスのコーデュロイスーツの下には荒々しい獣が潜んでおり、突然姿を現すまでの間、にまどろんで"時"を待っている。それは特に、夕食の"時"だ。Mr. フォックスの野生本能は、常に胃袋によって制御されている。食べ物のことになると（特に昼食の席に着くときと、夕食の皿を差し出すとき）、魅力的な Mr. フォックスは完全に理性を失う。妻がどんなに家の大黒柱フォックスを"洗練"させようとしても、いざ食事に前足をつけると、息をつく暇もなく、貪欲でグロテスクな食欲で一気に食事を平らげてしまう。

クスは、オーダーメイドのスーツにパイプ、朝刊、そして傍らには魅力的な妻を従え、いかにも模範的な父親のようだ。キツネの世界ではすべてがうまくいっているように見えるが……。

しかし、あまりにも有名なこんな格言もある。「ヒョウは自分の斑点を変えることはできない」。もちろん、我らが Mr. フォックスも例外ではない。妻に、もう二度と狩りへの衝動に屈することなく、家庭的なキツネとして生きていくと約束したにも関わらず、間もなく、その

実際、Mr. フォックスは紳士的な見た目だが、その下には童話に登場するキツネの魂や性格を隠している。ずる賢く、意地悪で、（そして認めざるを得ないが）暴力的な衝動に満ちているのだ。しかし今のところ、このキャラクターはそうした獣のように振る舞いたいとは思っていない。外から見ると、フォックス家は平均的なキツネ家族のすべてを備えており、空洞になった木の下に、快適な家具をそろえて住んでいる。Mr. フォッ

誓いを破る。どんなに努力して本来の自分を抑制し、できる限り深く、文字どおり地下深くに埋めたとしても、何の役にも立たない。野生の Mr. フォックスがかつてないほど強く復活するのだ。世間並みになったキツネが過去の悪魔と格闘する、これはまさにアイデンティティの危機だ。その重要な瞬間（野生動物の Mr. フォックスが本能を取り戻し、紳士が残忍になる瞬間）を見事に表しているのが、食事を無作法に、ものすごい音でむさぼ

り食うシーンである。一瞬のうちに、すべての爪と牙でローストチキンを引き裂く。まるで、丁寧に調理された食事をもう一度殺し、すでに火が通った獲物を自分の手で狩っているかのようだ。つまり、コーデュロイの服の下にどうにか抑え込んでいる、原始的な本能を解き放つ必要があるかのように。

この描写は、ウェス・アンダーソン自身にも当てはまる。アンダーソンがローストチキンを容赦なくむさぼり食うわけでも、泥棒やキツネのような気分になるわけでもない（と思うが……）。しかし、アンダーソンにもこのような二面性（穏やかな、眠っている狂気）が見られる。彼の長編映画を詳しく調べると、しゃれたスーツの下に野性的な本能が潜んでいるのは明らかだ。彼の映画の特徴であるパステルカラーやドールハウスのような装飾の裏には、猛烈な食欲と行き過ぎた感覚がある。要するに、彼のつくるキャラクターの表面的な優雅さの裏には、殺人にまでつながる鈍い暴力が潜んでいるのだ。結局のところウェス・アンダーソンは、一部の人々が考えるような"明るい"、どこか"古風"で、"のんき"な監督ではないのかもしれない。メンデルの素晴らしいペストリーを2口食べる間に、『グランド・ブダペスト・ホテル』のキャラクターたちは、残虐行為や暴力、死と向き合わなければならない。アンダーソンの映画や物語すべてについて、同じことが言える。実際、彼の作品

が発表されるたびに、空が少しずつ暗くなっていることに気付かざるを得ない。しかし、ウェス・アンダーソンには、観客の知性を信頼する優雅さがある。観客には、カーペットの隅をめくり、ニスを剥がし、監督が語る言葉の真の意味を明らかにする能力があると信じているのだ。よく考えて、忘れないでほしい。安心感を与えるコーデュロイのジャケットの下に、何が潜んでいるか注意しよう。パイプを吸う男を決して甘く見てはいけない。⚿

ローバック・ライト
誇り高き異人

写真記憶（映像を記憶する能力）をもつという、彼についての噂はまったくの事実無根である。ローバック・ライトがもつのはタイポグラフィックメモリー（活字記憶）で、完璧な正確さと精度で文章を記憶する。なんと自らの物語に頭の中で"しおり"を付けることもできるのだ。

彼は長いキャリアで書き留めた言葉のすべてを、長期にわたって記憶している。そして、残念ながら、それは報われなかった愛の告白も同じこと。ウェス・アンダーソンはローバック・ライトを、作家のジェームズ・ボールドウィンやテネシー・ウィリアムズ、そして（もちろん）ニューヨーカー誌のジャーナリストで、フードライターやフランス料理の目利きとして定期的に同誌に登場したA・J・リーブリングを、巧妙に掛け合わせたような人物として構想した。『フレンチ・ディスパッチ ザ・リバティ、カンザス・イヴニング・サン別冊／The French Dispatch of the Liberty, Kansas Evening Sun』で、ヴィンテージの菓子箱を思わせるようなセットのテレビ番組にゲスト出演したローバック・ライトは、サンドカラーのスーツにオレンジのシャツ、エレガントな茶色のブーツを履いた趣味の良い男性として登場する。司会者はライトに、フレンチ・ディスパッチ誌の「味覚と嗅覚（Tastes & Smells）」に掲載された、シェフと誘拐された子どもの記事を生放送で誦んじて、その才能を証明してくれと頼む。

「食を学ぶ者たちは、味付きの夢を見るのか？」この謎めいた質問から、すべてが始まる。これは、ネスカフィエ警部補に尋ねようと記者が用意した、最初の質問である。ネスカフィエは「警察官のための美食（ガストロノミー・ジャンダルミック）」

のトレンドリーダーとされ、長時間の張り込みや車両で食す"ポリス軽食"のスペシャリストとしても知られている。彼は「ログニュール・ドングル（切り爪の意）」と呼ばれる、狭い川に挟まれた半島に置かれた警察本部で、シェフを務めている。まるで迷宮のような警察署で、ジャーナリストのライトは、シェフを炙るように"質問攻め"にしようとしていた。しかし、この出会いはまったく別の展開となり、ライトは本格的な警察ドラマに巻き込まれていく。

ライトは、誤解されることもいとわないユニークなキャラクターだ。自由人であり、何時間でも飽きることなく話を聞き続けたいと思わせる。彼は"モリエールの言葉"とも呼ばれるフランス語をアメリカ訛りで発音し、斬新な意味を与える。実際、ウェス・アンダーソンと彼の第２の故郷パリとの関係のように、ライトも、小さな町アンニュイ＝シュール＝ブラゼではよそ者だ。かつてアメリカを端から端まで、東から西へ、中西部から深南部へと旅したものの、若きローバック・ライトは、"アンクル・サムの国"アメリカに居場所を見つけられなかった。そんな彼はフランスの小さな街、アンニュイ＝シュール＝ブラゼで疑似家族を見つける。しかしある夜、安宿街の外れにある酒場で、新しくできた大勢の仲間たちと過ごしているところを逮捕されてしまった。罪状は"恋"だ。ライトはゲイであり、視聴者に向かって打ち明けたように、"間違い"とされる恋には大きい危険がつきまとうのだ。しかし、創刊者であり編集者のアーサー・ハウイッツァー・Jrにとってそんなことは些細な問題だ。ライトに記者の才を見い出すと、監獄からの釈放に力を貸す。ハウイッツァーはライトをフレンチ・ディスパッチ誌のメンバーに迎え入れ、漠然とした指示を出した。「どう書いてもかまわない。ただし、意図的に書いたのだと伝わるように」

こうしてライトは、"祖国を飛び出した大家族"の一員となった。そこには、編集チームのメンバー、ネスカフィエ警部補、そしてもちろんウェ

93

ス・アンダーソンも含まれる。アンダーソン自身も経験したことだが、祖国を離れるのは、たとえ自ら選んだとしても孤独なものだ。外国人として経験するこの孤独は、ロマン主義的な憂鬱の一形態である。ライトはそれを次のように力強く表現している。「孤独な外国人ならよくわかる、独特の物悲しい美しさがある。自らが選んだ第2の故郷の街を歩いているときに。できれば月明かりの下で。私の場合は、フランスのアンニュイだ。私には、そうした日のきらめく発見を話す相手は、誰もいなかった」。しかし、そんな憂鬱も、ローバック・ライトにとってはミューズであり、友人でもある(アンダーソンにとっても同じだろう)。このミューズが、ジャーナリストであるライトを天職、フードライターへと導く。「だが、並木道や大通りには、私のためのテーブルがあった。シェフ、ウェイター、ボトル、グラス、そして火。私はこの人生を選んだ。独りの宴は、(仲間にも似た)大きな慰めであり、心の支えだった」。この孤独な宴は、立派なブラッスリーや高級レストラン、あるいは近所のビストロに避難場所を見つけた男が繰り返す祝宴だ。さらにいえば、第2の我が家なのだ。

こうして美食家となり、長い経験を積んだ後に、ライトは警察署長との正式な夕食会に招待される。厨房に立つのは、恐れ多くもネスカフィエ警部補だ。思わぬできごとにより、ライトはナイフとフォークを置き、警察署長の息子ジジ(フルネームはイザドール・シャリフ・ドゥ・ラ・ヴィラット)の誘拐事件を取材することに。この事件は、フレンチ・ディスパッチ誌でも報道される。この奇想天外なストーリーは、緊迫の追跡劇と、誘拐犯を無力化するための毒入りラディッシュで幕を閉じる。犯人らを欺くために毒味をした勇敢なネスカフィエ警部補は、この大胆な行動によって、命を落としかける。激痛に耐えながら、警部補はライトにささやく。「あの毒の塩。ラディッシュに振りかけた。あれに、味があった。まったく知らない味だ。苦味があり、カビのようで、ピリッとして、スパイシーで、油っぽい、土の味。これまで一度も味わったことがない味だ。不快で、極めて有毒だ。それでも、新しい味だった。この年齢になって、こんな経験をするとは」。警察署のシェフに降りてきたひらめきだ。そのとき、ライトはかつてないほど最高の記事を書いた。

警察官のための美食：基本原則
ガストロノミー・ジャンダルミック

- 持ち運びが容易であること。
- タンパク質が豊富であること。
- 利き手でない手で食べること（武器や書類を扱う利き手はとっておく）。
- カットされた状態で供されること。
- 音のするものは御法度（無音で食べられるもの）。
- 乾燥した粉末ソースを使うこと（犯罪現場を汚さないように）。
- 食事をする者は"ポケットフォーク"を持参すること（たいがい、意味不明な標語や、各署で流行った辛口の格言が書かれている）。

-・-:・-・-:・-・-:・-・-:・-・-:・-・-:・-・-:・-・-:・-・-:・-・-:・-・-:・-・-:・-・-:・-・-:・-・-:・-・-:・-

襲撃の夜、警察署長に活力を与えるために
シェフのネスカフィエが用意したディナーメニュー

前菜
- 警察管区のカナリアの卵で作った、デビルドエッグ

メインディッシュ
- 屋上にある市長のあずまやで採れたプラムと腎臓をゆでたもの
- ラムひき肉のボンボン、パン包み
- ブラッセ産オイスターのスープ
- 市立公園の素晴らしいハトのハッシュ

デザート
- クリーム4倍のタバコプディング

ハーマン・ブルーム
笑うべきか、泣くべきか

重いまぶたとうつろな目、重ねた時が刻み込まれた無表情な顔。まるで負け犬のような雰囲気を漂わせるビル・マーレイは、いわゆるアンダーソン映画ファミリーの常連だ。彼はまた、作品に登場する多くのキャラクターを苦しませる病気（慢性的で、進行性で、抜け出すことが難しい「うつ病」）の、著名な宣伝部長でもある。崩壊寸前の世界で身動きが取れないでいるキャラクターの多くは、苦悩し、心身をむしばむ強迫観念に抵抗しようと躍起になっている。つまり、うつ病という大海原で溺れないように、必死に泳ぎ続けるのだ。ところが、こうした愛すべきキャラクターたちとは正反対の態度をとるキャラクターもいる。鉛の靴を履いているかのような、諦観者（ていかん）。あらゆる失望を引き受け、憂鬱を押し隠そうとする、超然とした敗者だ。

もちろん、ウェス・アンダーソンの映画には、ビル・マーレイ以外の俳優が演じるうつ病のキャラクターも登場する。若いキャラクターでいうと、たとえば、ルーク・ウィルソンが演じている、精神病院から退院したばかりのアンソニー（『アンソニーのハッピー・モーテル』）や、血が飛び散

る壮絶な自殺で自らの苦悩に終止符を打とうとするリッチー・テネンバウムがそうだ。『ムーンライズ・キングダム』のシャープ警部もまた、うつ病の重荷を背負っている。『ダージリン急行』でホイットマン兄弟を神秘的なインドの奥地に駆り立てるのも、『アステロイド・シティ』でオーギー・スティーンベックを苦しめるのも、元はといえばうつ病だ。しかし、アンダーソン作品に初登場して以来、ビル・マーレイほど悲しみを背負ってきた俳優はいない。

ビル・マーレイがアンダーソンの世界に入ったのは、『天才マックスの世界』のキャラクター、ハーマン・ブルームからだ。アメリカンドリームの申し子であるこの成り上がり者は、自分の存在の無意味さに気付いて途方に暮れているが、徹底的にコミカルなキャラクターでもある。地元の有名人であるブルームは、社会的な成功の象徴をすべて備えている。愛すべき家族、プール付きの豪邸、国内屈指の名門校での講演依頼、そして金属業界で成功した輝かしいキャリア。火花が飛び散る工場の中心で、ブルームは鉄骨で作ったオフィスに君臨している。ちなみにそれは、アンダーソンがはじめて本格的に制作したセットだ。しかし、父親としてのブルームは子どもたちに失望しており、不信あるいは落胆した視線で子どもたちを見る。さらに、妻にぬけぬけと浮気される不幸な結婚生活を送る男でもある。堂々とした家族の肖像画は、典型的なアメリカの家族の栄光の日々を永遠に残そうとしたものだが、ハーマン・ブルームの家族に対する感情を完璧に反映している。パースが奇妙で、顔がなんだか歪んでいる失敗作だ。もう、どうすることもできない。キャンバス上には存在していても、ブルーム家は家族として破綻している。

```
                                              BLUME
                                              INTERNATIONAL
                                              a SAW Pipes USA, Inc.
                                              432 Stamford Way
                                              Houston, TX 77008


You guys have it real easy.

I never had it like this where I grew up. But I send my kids
here. Becouse the fact is: you go to one of the best schools
in this courtry.

Rushmore.

Now for some of you it doesn't matter. You were born rich
and you're going to stay rich. But here's my advice to the
rest of you: take dead aim on the rich boys. Get them in
the crosshairs. And take tham down.

Just remeber: they can buy anything. But they can't buy
backbone. Don't let them forget it. Thank you.
```

諸君は恵まれた環境に生まれた。
私は苦労してきたが、息子2人は本校に入学させた。アメリカでも有数の名門校だからだ。
そう、ラシュモア。
そんなことはどうでもいいという人もいるだろう。恵まれた家に生まれ、生涯金に困らない。
しかしそうではない人たちへ、アドバイスがある。金持ちの跡継ぎに狙いを定めろ。
照準を定めたら、そいつらを撃ち落とせ。
いいかね、金で物は買える。しかし、根性は買えない。それを思い知らせてやれ。ありがとう。

行動科学や精神分析が徐々に知られ、身近なものになると、映画というメディアも倦怠感やうつ病の問題を進んで取り入れ、この病気はあっという間にアメリカのコメディの定番になった。スクリーンでも現実でも、内省がひとつの流行りとなり、言葉をベースにしたコメディは、極めて多様な神経症を題材にするようになった。人間の潜在意識については、長い間不安の源と

して研究され、それを題材にしたスリラーやサスペンス映画が制作された。古典の例ではヒッチコックの「めまい」や「マーニー」がそうだが、恐怖心を最高にあおるホラー映画(「カリガリ博士」から「羊たちの沈黙」のおぞましいハンニバル・レクター博士まで)もやはり、潜在意識を扱っている。ところが現在では、赤の他人であるカウンセラーの部屋のソファに横たわり、自身の問題をじっくりと話すのは当たり前になっている。このジャンルの大御所であるウディ・アレンは、こうした状況を恰好の喜劇の手法ととらえた。自分の神経症について常に気にして分析し、追及せずにはいられずに、(老いることへの圧倒的な恐怖、自らの死の否定、そしてあらゆる種類の性的障害などを)延々としゃべり続ける自己中心的なキャラクターを登場させたのである。今や、ほぼすべての精神的苦悩は笑えるようになっている。

ウディ・アレンの尽きることのない不安とは対照的に、アンダーソン作品のキャラクターは、まったく異なるかたちで憂鬱を抱える。アメリカのコメディは憂鬱に屈していく人間の様を笑いに変えているが、アンダーソンの映画では、憂鬱は言葉にしてはいけない悪であり、主人公たちを徐々に追い詰め、内面に抱える悲しみに引きずり込んでいく。つらさを抱え、打ち明け話をしにやってくるキャラクターを迎えるセラピストも登場しない。ストレスの本質を観客に教示する、素晴らしい内省的なシーンもない。酔っぱらって顔がむくみ、悲しみに打ちひしがれているブルームに出くわしたマックスは大丈夫かと尋ねる。「最近、なんだか孤独でね」と、ハーマン・ブルームは苦悩のどん底から答える。アンダーソン作品における憂鬱なキャラクターは、まず口数が少ない。

ビル・マーレイは、この監督の作品に登場するたびに、静かな憂鬱を携えている。『ザ・ロイヤル・テネンバウムズ』の浮気なマーゴの夫、ダンディなラレイ・シンクレアや、『ムーンライズ・キングダム』の浮気される夫、ウォルト・ビショップ。また、ある意味で、『ダージリン急行』にほんの少し登場する、息切れしたビジネスマ

ンもそうだ。マーレイのこの気だるい感じは、ソフィア・コッポラの「ロスト・イン・トランスレーション」など、ほかの監督の作品にも見られる。しかし、ソフィア・コッポラの映画に広がる華やかな退屈さや気だるい気分の落ち込みは、ウェス・アンダーソンのキャラクターが示す悲喜劇的な麻痺の感覚と混同すべきではない。

ビル・マーレイの顔をよく見ると、テキサス出身のカートゥーン作家テックス・アヴェリーの作品に登場するドルーピーのようだ。ドルーピーは、アヴェリーのテンポの速い世界のなかで、のろまさと無気力さが際立つイヌのキャラクターだ。ビル・マーレイ演じるキャラクターは、落ち込んだ状態の最も滑稽な側面を体現している。しかし、負のスパイラルに陥っているキャラクターが誘う笑いは、寛容さや、哀れみといった感情につながる。アンダーソンのアンチヒーローは、失敗を通して、その人間性を明らかにする。ソフィー・モンクス・カウフマンは、アンダーソンについてのエッセイで、「失敗、特に失敗を認めることは、わかりやすい成功報酬に向かってまっしぐらに突き進むときには欠けている、優雅な装飾音をキャラクターに与える。［……］幻滅は悪いことばかりではない。幻想を捨て去ることは賢くなることだ」[1] と書いている。悲しみがほほ笑みを誘うことがあるとはいえ、アンダーソンが描く憂鬱は心に響く。それは、キャラクターが自らの無気力から抜け出し、静かな口調で、沈痛な思いの深さを語る、数少ない、しかし感動的な真実の瞬間にはっきりと描き出される。そしてキャラクターが苦悩の断片に向き合う瞬間にも、アンダーソン流のユーモアは削ぎ落とされない。ビショップ氏が主寝室の天井を見つめながら静かこうに言う。「屋根がふき飛んで、宇宙に吸い込まれてしまいたい。僕がいない方がいいだろうから」。そのとき、観客は言葉を失う。

🗝

1. Sophie Monks Kaufman, Little White Lies, Wes Anderson, William Collins, 2018.

チーフ
イエイヌ（学名：カニス・ルプス・ファミリーアス）

ウェス・アンダーソンはイヌが嫌いなのだろうか？ これは、2012年、テキサス出身のアンダーソンによるイヌの壮大な叙事詩が形になる数年前に、イアン・クラウチがニューヨーカー誌で投げかけた率直な疑問だ。[1] 実際、アンダーソンの作品世界では、人間の最良の友であるイヌがよく犠牲になる。可哀そうなイヌのリストは、映画が増えるごとに長くなり、クルマにひかれたり、毒を盛られたり、捨てられたりと、さまざまな不幸に見舞われる。アンダーソンは四つ足の仲間であるイヌに恨みを持っているのでは、と観客が疑う証拠は、もうほぼ揃っている。

すべてのはじまりは、『ザ・ロイヤル・テネンバウムズ』のバックリーだ。ウェス・アンダーソン作品で犠牲になった最初のイヌであり、垂れ耳で優しい目をした勇敢なビーグル犬は、悲劇的な運命をたどった。バックリーは、チャス・テネンバウムの妻の命を奪った恐ろしい墜落事故で生き残った。かつては平穏な幸せの象徴であり、模範的なアメリカの家族になくてはならないイヌが我が家に戻ると、そこは恐怖と悲しみによって打ちのめされ、機能不全に陥っていた。奇跡的に、女主人よりも長生きすることになったバックリー（これは本当に許されることなのだろうか？）に与えられた唯一のご褒美は、飼い主からの無関心だった。チャスが息子たちに強制する避難訓練に、バックリーの救助は含まれていない。バックリーは今や風景の一部に過ぎず、自身の安全のために短いリードであちこちにつながれ、ただそれを受け入れている。しかし、ウェス・アンダーソンの映画では、常に主人公のすぐ近くに混沌が潜んでいる。あらゆる予防策にも関わらず、オープンカーがフェンス（まさにバックリーがつながれていた場所）に激突し、チャスの安全への幻想は打ち砕かれる。バックリーの飼

1. Ian Crouch, Does Wes Anderson Hate Dogs?, The New Yorker, June 2012.

い主の反応には、共感のかけらもない。事故の直後だというのに、黒い斑点のあるダルメシアンを新しく飼うというのだ（チャスが子ども時代に発明したダルメシアンマウスによく似ている）。また、テネンバウム家の家長がスラム街で闘犬に熱中していることにも注目すべきだ。どうやらアンダーソンの世界では、人類の友であるイヌは高く評価されていないようだ。

『ファンタスティック Mr.FOX』では、またしてもビーグル犬が Mr. フォックスの陰謀の巻き添えになる。アカギツネ（学名：ウルペス・ウルペス）は、イヌ（キツネはイヌの遠い親戚である）について実に多くのことを知っているようだ。ビーグル犬はブルーベリーが大好きで、決して目を見てはいけない。そして不幸なことに、1匹と言わず4匹のビーグル犬が、Mr. フォックスの毒入りベリーを食べて命を落とす。『ライフ・アクアティック』では、3本足の野良犬とスティーヴ・ズィスーが偶然出会う。ベラフォンテ号を襲撃した海賊が置き去りにしたのだ。この犬種不明のイヌは、新しい家族の周りを不自由な3本脚で元気に走り回る。ズィスーは取り乱すが、このイヌの存在を容認し、取り急ぎコーディと名付ける。ズィスーの宿敵アリスターとの対面では、アリスターが新聞紙でコーディの鼻面をぶん殴る。コーディは、その後クルーに見捨てられ、無人島に取り残される。

こうした勇敢なイヌに降りかかる最も残酷な運命が、キャンプ・アイヴァンホーのスカウト隊員とともに行動するワイアー・フォックス・テリアのスヌーピーに訪れる。忠犬スヌーピーは、怒りにまかせて隊員が放った矢によって命を落とす。「いいイヌだった？」とスージーが尋ねる。サムは小さい動物の亡骸（なきがら）を見おろし、「わからない。でも、死ぬことはなかった」と答える。

イヌに対するこの配慮の欠如を、どう説明すればいいのだろう？ アンダーソン作品にはときに、キャラクターが慢性的な共感能力の欠如に苦しむという、やや反社会的な性質がある。イヌはもともと愛らしい存在であるがゆえに、どれだけ感情が麻痺（まひ）していて、イヌからの愛情に応えられない人物であるかが強調される。また、テックス・アヴェリーに影響された、カートゥーン調の表現だとみなすこともできるかもしれない。アヴェリーもまたアンダーソンと同じテキサスが生んだ偉大な才能であり、最も露骨な暴力行為をためらうことなく画面に映し出した。これはアンダーソンの映画に漂う

ブラックユーモアの一端であり、この邪悪な側面は、映画監督としての演出力に注目する批評家たちには見落とされてきた。しかし、イアン・クラウチによれば、アンダーソンは、イヌを殺すことでハリウッドの大きいタブーのひとつを破っている。さらに、アンダーソンは『グランド・ブダペスト・ホテル』で、臆することなくネコを虐げている。窓から放り出されたネコが、数階下の舗道でコミカルにぺしゃんこになるのだ。

この映画監督が人間の毛むくじゃらの友人であるイヌに対して抱いている感情について知るには、『犬ヶ島／Isle of Dogs』を観るまで待たなくてはならない。ここでもまた、動物が人間（より具体的には大人）の道徳的欠陥の犠牲となる。メガ崎市で反犬のプロパガンダ攻勢が繰り広げられるなか、飼い主によって追放されたイヌたちは、今や人間が失ってしまったと思われるヒューマニズムを体現する。アンダーソンが映画のなかで発言の場を与えるこのイヌたちは、理性、道徳、そして深い義務感と正義感も備えており、民主主義の原則を採用している。人間社会では独裁や腐敗が横行している一方で、この小さなイヌのコミュニティでは、前足を挙げて多数決をとるのがルールだ。もちろん『犬ヶ島』のイヌたちに欠点がないわけではない。しかし、アンダーソンが描く動物のなかで、このイヌたちは人間性、友情、忠誠心、威厳といった理想を体現する機会を得ている。

このイヌの群れにあってスポッツとチーフは、同じコインの表と裏の関係だ。同腹の兄弟ながら異なる生活を送っている2匹のイヌの物語から、社会決定論を織り込んだ寓話が生まれる。スポッツは人間の主人に生涯を捧げてきたが、今では自由なイヌとして、自分や仲間のイヌのための生き方を学ばなくてはならない。一方

で、野良犬のチーフは逆の道を歩み、アタリに飼いならされることを選ぶ。チーフはスポッツから、イヌとしての新たな使命（少年を守る）を受け継ぐ。

この物語には、サン＝テグジュペリの「星の王子さま」の影が漂っている。特に、"若いパイロット"が現れた瞬間がそうだ。ただし、その飛行機は灼熱の砂漠に不時着する代わりに、ゴミだらけの荒れ果てた島に墜落する。チーフと少年アタリの友情が深まるにつれ、2つの物語の類似性はさらに高まる。それは、星の王子さまとキツネの関係を彷彿とさせる。「"飼いならす"ってどういう意味？」サン＝テグジュペリの小説で、王子は尋ねる。キツネは答える「それは、よく忘れられているけど、"絆をつくる"っていう意味さ。［……］おれにとっては、きみはほかに十万もいる男の子と、変わりがないのさ。だから、おれはきみがいなくてもいいんだ。それに、きみもやっぱりおれがいなくてもやっていける。きみにとって、おれはほかの十万ものキツネたちと同じ、ただのキツネにすぎない。だけど、もしきみがおれを飼いならせば、お互いが必要になる。おれにとって、きみはこの世界でたったひとりの存在になるんだ。そしてきみにとって、おれは世界でたった一匹の存在になるのさ……」。[2] 星の王子さまとキツネ同様、アタリとチーフは互いに絆をつくり、離れがたい存在となる。この感動的なシーンで、アタリとチーフは子どもと飼いイヌだけが交わすことのできる、夜ごとの誓いを立てる。目に涙をいっぱいにため、友情と忠誠を誓い合う。これこそ、キツネが王子に教える人間性の大きな教訓であり、『犬ヶ島』全体に流れるテーマだ。キツネは言う。「人間は、この真実を忘れてしまった。でも、きみは忘れちゃいけない。絆をつくったら、永遠に責任を持つんだよ」🗝

2. Antoine de Saint-Exupéry, The Little Prince, 1943（アントワーヌ・ド・サン＝テグジュペリ「星の王子さま」）

V
キッチン

スプーン、フォーク、へら、片手鍋、ピーラー！ さあ、テーブルを囲んでたっぷり食事を楽しむ時間だ。匂いは期待を裏切らない。この部屋から漂う香りに吸い寄せられたら、そう簡単には出られないから、ご注意を。にぎやかできらびやかな、空想博物館のキッチンへようこそ！ 失礼して、刺繍入りの素敵なエプロンをつけさせてもらいますよ。テキサス出身の監督の映画に登場する、最上級の料理を用意しましょう。

ウェス・アンダーソンの映画と同じく、その作品に登場する料理は、世界各地の食材を心を込めて下ごしらえし、調理したものだ。メニューには日本ならではの“仕事”がほどこされた寿司、ティーンエイジャー好みの炭酸飲料、カフェ・ル・サン・ブラーグで提供されるハムとバター（有塩または無塩）のシンプルなサンドイッチ（マラバール産の燻製胡椒がきいた、フランスの定番）などがランダムに並ぶ。そして大広間でお楽しみいただくのは、普通とはまったく違う風味のコーヒーだ。海の波しぶきと塩で焙煎され、銃撃戦や誘拐事件の

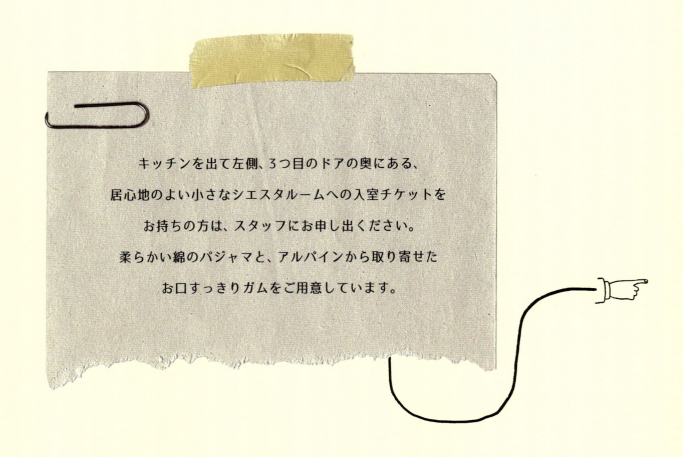

キッチンを出て左側、3つ目のドアの奥にある、
居心地のよい小さなシエスタルームへの入室チケットを
お持ちの方は、スタッフにお申し出ください。
柔らかい綿のパジャマと、アルパインから取り寄せた
お口すっきりガムをご用意しています。

真っただ中に提供される。さあ、テーブルについて、チェックのナプキンを首元に掛けよう。アンダーソン流のガストロノミー(美食)の視覚表現(ビジュアル)は仕込みが大変だ。その感覚と味わいを完全に理解するには、細部にまでこだわり、謎を解かなければならない。この章では、ウェス・アンダーソンのガストロノミーから、特に代表的なものを選んで紹介する。心地よい、柔らかい、歯応えのある、苦い、あるいはとても甘い……そしてときにはすべてを一度に味わえる、実に奥深い、これぞ料理の錬金術！ ゆっくりと味わっていただきたい。

廊下に漂う匂いをたどっていこう。ガイドツアーの後半に挑む前に、味覚を刺激し、足に力と勇気を補給するころあいだ。さあ、キッチンのドアを開け、祝宴を楽しもうではないか！

コーティザン・オ・ショコラ
ただのシュークリームではない

手 順
I- ペストリー
II- フィリング
III- デコレーション
IV- 組み立て

ウィーンの名物に、菓子店のシールが飾られたチョコレートケーキ「ザッハトルテ」がある。ブダペストには、ダックワーズとコニャック風味のバタークリームを5層重ねた「エスターハージートルテ」が、ヴァッハウには、生地を小さいボール状に丸めて粉砂糖をまぶした「アプリコットクヌーデル」がある。そしてもちろん、ザルツブルクの街から見渡せる山々をかたどった、丘のようなスフレが3つ並ぶ「ノッケルン」も忘れるわけにはいかない。この旧大陸で、デザート抜きで食事を終えることは、まずない。ズブロフカ共和国のネベルスバートの町でも当然、人々は甘い菓子を楽しんでいる。そして第7芸術（映画）のなかでも、とりわけ人気の美味のひとつを提供するのが、メンドル氏だ。

それは、メンドルの名前が入った、グランド・ブダペストの壁と同じ淡いピンクの厚紙の箱にちょうど入る大きさで、美しい青いリボンが巻かれている。箱の中に入っているのは、重力の法則を無視するかのように積み上げられたお菓子、「コーティザン・オ・ショコラ」だ。ルリジューズをアレンジしたこの優雅なお菓子は、チョコレートクリームがたっぷり詰まったシュークリームでできている。3段重ねのシュークリームは、3種類のシュガーグレーズでコーティングされている。1番下が白、真ん中はアーモンドグリーン、そして少しずれて積まれた最上段は淡いピンクだ。器用に積み重ねられたシュー生地の間には青いアイシングが施され、そのおかげで、この愛らしい小さな塔は、グランド・ブダペストに届けられるまで（あるいは最寄りの刑務所に届けられるまで）真っすぐに立っていられる。最後に乗せるのは、チョコレートアーモンドだ。パステルカラーの台座に一粒のアーモンドとは、洗練の極みではなかろうか。この

お菓子は、それを食す"良い社会"、つまり、気品があり、優美で、そしてもちろん大金持ちの人々のイメージを正確に映し出すものでなければならない。つまり、コーティザン・オ・ショコラは、ムッシュ・グスタヴという真の"おべっか使い"にとって理想のケーキなのだ。戦争の影がグランド・ブダペストの門にまで迫るなか、3段のシュークリームでできたコーティザン・オ・ショコラは、ある種のアール・ド・ヴィーヴル（生活芸術）を重んじる文明の象徴として立っている。その古風な文明は魅力的でありながらも滑稽さをにじませ、この可愛らしいコーティザン・オ・ショコラ同様、崩壊の危機に瀕している。

しかし、メンドル氏のスペシャリテの価値は、その象徴性だけにあるわけではない。シェフのキッチンから目の届かない場所で、有能な弟子のアガサが、一心不乱に仕事に打ち込んでいるのだ。彼女の作業場では、コーティザン・オ・ショコラの製造工程をすっかり見ることができる。粉まみれの真剣な顔で、アガサは絞り袋を絞り、シュークリームをデコレーションし、最後の仕上げを加える。そして自転車に飛び乗ると、肩から下げた一焼き分を配達する。これはウェス・アンダーソン作品でも最上位に君臨する、"手づくり"に宛てたラブレターだ。スクリーンに映るものだけではない。映像の裏側では、手描き文字のペイントからストップモーション技術の復活まで、何百もの忙しい小さな手が監督の世界に息を吹き込んでいる。彼の映画において、ある種の儀式や仕込みも含め、"手づくり"への愛が最もはっきり見て取れる場所がキッチンだ。観る人の心を揺さぶるアガサの熱心な仕事ぶり、『犬ヶ島／Isle of Dogs』の寿司職人が見せる無類の器用さなど、監督の想いがどの映画でも見られる。

第19犯罪者拘留所。華やかなグランド・ブダペストとは大違いのみすぼらしい監房で、ムッシュ・グスタヴはおいしそうなコーティザン・オ・ショコラを可愛らしい"のど切りナイフ"で丁寧に切り、囚人たちと分け合う。しゃれた菓子よりも粥に慣れている、前科者たちの頑なな心に、ムッシュ・グスタヴの心遣いが響く。「あんたはもう、俺たちの仲間だ」と1人の囚人が言う。そうして、どこか愛嬌のある、風変わりなキャラクターたちの奇妙な脱獄劇がはじまる。アガサと、彼女が素晴らしいアイシング（看守がその美しさに圧倒され、崩せなかった）の下に隠した道具の力を借りて。愛と砂糖がちょうどよく配合されたコーティザン・オ・ショコラは、敵の警戒心を欺くことに役立つだけでなく、ひどく頑なになった心を和らげる力もあるのだ。コーティザン・オ・ショコラは美食家の最後の砦であり、その甘い世界をガツガツと貪り食う野蛮と悪意に立ち向かう、クリーミーで色鮮やかな最後の要塞なのだ。⚷

ダージリン急行の紅茶
あるいは、時を止めおく方法

列車の旅。アンダーソンにとって移動とは、コントロールされたスピードで目的地に到達することだ。速すぎず、遅すぎず、旅の目的地と私たちとを隔てる時間を理解するのに十分なスピード。ダージリン急行は、エイドリアン・ブロディ、ジェイソン・シュワルツマン、オーウェン・ウィルソンが完璧に演じた、ホイットマン3兄弟にぴったりの列車のようだ。禁煙の寝台車に乗り込んだ仕事嫌いの3人の男たちに、列車の旅とは切り離せない飲み物、お茶が提供される。厳選された乾燥茶葉を使用したお茶は、世界一長いシベリア鉄道でも、昼夜を問わず大量に飲まれている。素敵なインド風の模様が付けられたティーカップに、熱々の紅茶。「時間をかけてゆっくり味わってください」と、語りかけてくるようだ。しかし自分たちのことで頭がいっぱいの3兄弟は、快適な客室にいても、くつろぐことなどできそうもない。

ダージリン急行の運営会社は、費用を惜しまず、最高の条件で乗客に楽しんでもらえるよう、可能な限りの準備を整えている。この物語の舞台は、列車の王とされるオリエント急行の豪華なスイートルームではない。しかしベッドシーツは真っ白で、寝台は決して広くはないものの、十分な大きさだ。壁は美しいターコイズブルーで、小さな洗面台も付いており、顔を洗い、ひげを剃ってさっぱりし、身なりを整えて食堂車に向かえる。そして、窓辺にある小さいテーブルは、定時に提供されるお茶の温もりと、過ぎていく景色をゆっくり味わうのに最適だ。

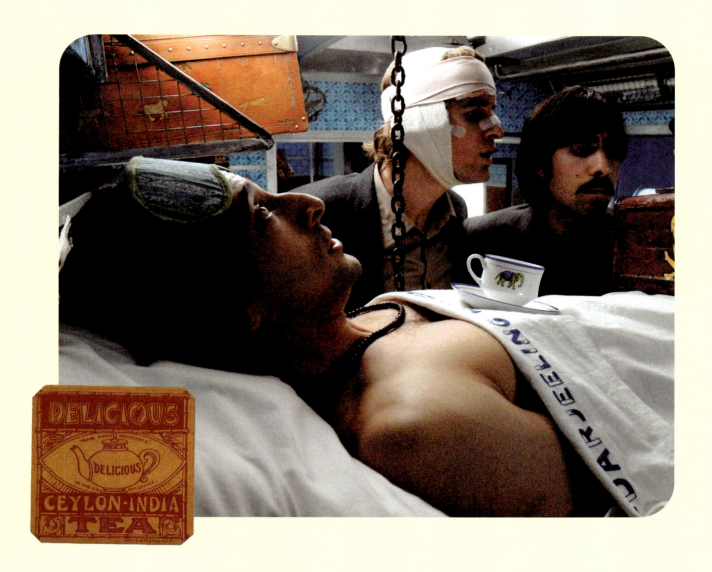

　絡み合う英国とインドの歴史から、この紅茶はアールグレイだと想像する人もいるだろう。苦い過去の歴史から受け継がれた古い伝統の味、アールグレイはすっきりとした口当たりだ。もちろん、ヒマラヤ山脈のふもとの中央ベンガル州で収穫された、琥珀色と熟した果実の香りが特徴のダージリンの可能性もある。一息ついて、このひとときを3人とともにしようではないか。彼らにも、大いに味わってもらいたいものだ。ダージリン急行は運命を追いかける時間をたっぷりくれるはずだ。

　ピーター・ホイットマンは全速力で走り、発車しかけの列車に飛び乗ったが、その後ろにはスーツを着込み、息を切らしたビル・マーレイがとり残される。全力疾走するには、彼は年を取りすぎていた(とはいえ、次の列車に乗り込んだが)。いずれにせよ、兄弟は列車が走るスピードより速くは走れないし、列車のスピードも決められない。

　高級レストランで熱々のコーヒーが提供されることはまずない。紅茶は、アールグレイなら85～90℃、緑茶は75～80℃でテーブルに運ぶのが最高の状態だとされている(アンダーソンの映画音楽を数多く手がける作曲家で、大の日本茶好きでもあるアレクサンドル・デスプラなら、うなずくはずだ)。つまり、気長に、窓の外に広がる景色を楽しむべきなのだ。少し待てば、熱すぎるお茶で唇を火傷することはない。「急がなくていい、旅はまだこれからが本番だ」。この高貴な飲み物が湯気を立てながら、ささやいているようだ。⚷

111

カフェ・ル・サン・ブラーグ
敷石の下は、カフェ

絵はがきのように広く知れわたり、誰もが当たり前だと思うイメージがある。たとえば、フランスという国（そして隣国イタリア）のイメージと切り離せないのが、カフェだ。フランス語でカフェとは、飲食を提供する場所であり、琥珀色の温かい飲み物でもある。今話しているのは、場所の方だ。北フランスのエスタミネから文学カフェまで、カフェといえば、グラスを合わせる乾杯の音、濃い空気に立ち込めるタバコの匂い、楽しい議論、活発な討論、情熱的な愛の告白や激しい別れが定番だ。もちろん、フランス映画にはこのような"カフェシーン"がたくさん登場する。エリック・ロメール作品も、この偉大なフランスの伝統の例外ではない。テラス席あるいは店内で、キャラクターたちはおしゃべりに興じる。クロード・ソーテ監督作品には、こんな名シーンもある。客でいっぱいのカフェで、カフェのオーナーが、遠くの端にいる常連客に声をかける。イヴ・モンタン演じる主人公が、「C'est urgent!（緊急で！）」彼らに伝えたいことがあるというのだ。

ウェス・アンダーソンは、こうした時代遅れの場所（とはいえ、古風な魅力と雰囲気の人気は再燃し、多くの客が詰めかけている）からエッセンスを抽出し、『フレンチ・ディスパッチ ザ・リバティ、カンザス・イヴニング・サン別冊／The French Dispatch of the Liberty, Kansas Evening Sun』で「ル・サン・ブラーグ」と名付けたカフェに注入した。「サン・ブラーグ！（冗談抜き！）」、大声で叫びたくなるような響きだ。このうってつけの名前のカフェは、アンダーソンが創造した世界の中心にある。黄色を基調とした、秋の色合いのテラゾー仕上げの床、ガムボールマシン、クロムメッキのビストロチェア、壁の広告が特徴的なカフェ、ル・サン・ブラーグ。1968年5月、尊敬すべきジャン＝リュック・ゴダールが革命的な演説を行ったのは、グラスや椅子が飛び交う前の、こんな場所だったのではないだろうか。また、学生運動家のベルナール・クーザンは、5月革命の人気スローガン「Sous les pavés, la plage!（敷石の下は、砂浜だ！）」を考え出した。大学を占拠し、カルチェラタンの敷石をはがしてバリケードを築いた学生たちは、石畳の敷石の下から現れた砂地に、自由と子ども時代の記憶を見たのだ。

アンダーソンはすべて心得ている。映画のキャラクターたちは、このカフェを議論とののしり合いを繰り返す、反体制の本拠地に変えた。集まってくるのは、パイプをくわえ、乱れた髪にベルベットのジャケットを着た若い男たち、短いスカートを風になびかせ、高飛車な口調で話す若い女たちだ。「ヌーヴェル・ヌーヴェルヴァーグ」の目撃者である私たち観客は、この小さな世界の常連客がマイクロ革命の準備をする様子を見守る。彼らはバーカウンターにもたれて、ハムとバターのサンドイッチを片手に、カウンターの上のゆで卵をいくつか「ピコンビエール」で流し込む。その後で、本日4杯目のコーヒーを注文する。彼らも私たちのように、昨日と同じく閉店までここにいるだろう。🗝

サンドイッチのレシピ

（カフェ・ル・サン・ブラーグのハムとバターのサンドイッチ）

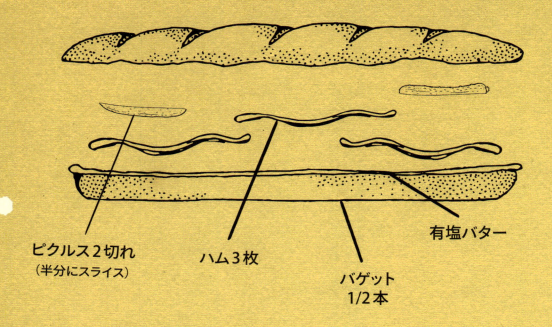

ピクルス2切れ
（半分にスライス）

ハム3枚

バゲット
1/2本

有塩バター

1. 焼きたてのバゲット1/2本。
   クラストはパリッと、クラムは口に入れるとほどけるもの。
   縦にカット

2. 薄切りのハム3枚、うち1枚はスモークしたもの
   （電球にかざすと、光が透けるくらいの薄さがよい）

3. よく漬かったピクルスを半分にスライス。
   2切れ（サンドイッチを作りながらつまむなら、もう1切れ用意しておこう）

4. ブルターニュ産の新鮮な有塩バター。バゲットの両断面に塗るバターは、
   ハムと同じ厚さで均等に広げなければならない。
   カフェ・ル・サン・ブラーグでは絶対厳守のルールだ

5. マラバール産の燻製黒胡椒をひと振り

LE SANS BLAGUE 27 Rue Dubas, 196805 Ennui−sur−Blasé

寿司
築地の寿司の握り方

せわしい店主や、目利きの飲食店経営者に混じって、好奇心旺盛な人々が夜明け前から集まり、場内の雰囲気に浸っている。世界最大の魚市場の興奮を体験し、寿司が握られるのを待ちながら、その比類ない味を堪能するには、早朝に東京の築地市場に足を運ぶ必要がある。築地でなくても新鮮な寿司を楽しめる素晴らしい店はほかにもある。しかし、この独特の調理法に真の敬意を表した店内設備と雰囲気は、ここ築地に特有だ。市場の隅々まで、働く機械や人々の活気があふれ、入念なさばきから仕込みまで、すべての工程が目の前で行われる。築地はオープンエアーの工場だ。ベジタリアンや海の生物を愛する人にはお勧めしない。実際、あのスティーヴ・ズィスー船長と彼のクルーがこの驚くべき光景を目にしたら、いったいどう反応するだろうかと思わずにはいられない。生きたカニが迫り来る運命から逃げようとする様子や、タコの脚が調理台の上でうごめき続けるさまは、むごさを覚えると同時に魅惑的でもある。

『犬ヶ島』の寿司の調理シーンは、ストップモーションの野心的なデモンストレーションであり、職人の技術に敬意を表したいという監督の思いの表れでもある。ネタを正確に切り分ける手つき、道具の丁寧な扱い、鋭い包丁を振り下ろす容赦ない動作はもちろん、それとは対照的な、最後に薬味を乗せる繊細な手つきまで、細かく描写されている。脂ののったみずみずしいマグロを熟練の技で切り分け、バーナーで軽くあぶる。カニをさばき、パリッとした海苔で丁寧に包む。タコの脚は柔らかくしてから切り分け、シャリの上にのせて、ワサビをひとつまみ。残酷な、それでいて詩的なダンスだ。そのテクニックと手際の良さは、日本で代々受け継がれてきた伝統的な"仕事"に対する敬意だ。さら

にこのシーンからは、ストップモーションに命を吹き込むべく尽力したアーティストたちの才能に対する、強い敬愛も感じられる。この映画の本当の料理人であるアンダーソンもまた、まさに築地で職人が寿司を握るのと同じように、セット、パペット、そして作品の世界全体を相手に、スピード、正確さ、鋭さ、音楽を駆使して仕事に取り組んでいることは想像に難くない。この手の込んだ調理過程は、五感を楽しませ、食事の時間を神聖なひとときに変える祝祭ともいえるだろう。不運な四つ足の仲間たちが、ゴミ島で生き延びるためにあちこち探し回る生ゴミとは実に対照的である。しかし、ウェス・アンダーソン作品につきものの、不快な後味も残る。観客の心をむしばむ、奇妙な、何とも言えない空気。穏やかな入り江の底の岩陰に静かに隠れて、私のことは放っておいてと願っていたタコが、細かく切り刻まれる様を見て悦

に入る、ややサディスティックな感覚。表に見える器用さと、几帳面なまでに守られた儀式的な所作の下に潜むのは、死の衝動だ。あるシーンで、観客にそれが明かされる。職人は最後の寿司に毒ワサビをひと塗りして、傑作の完成とした。哀れな渡辺教授を死に至らしめる弁当の蓋を閉じるのは、芸術家であり殺人者の手である。アンダーソンにとって料理とは、生と死の衝動が絡み合う熟練した素晴らしい芸術であり、その結果はまるで俳句のように美しい。

築地の市場機能は、
2018年に豊洲に移転しました。
築地は築地場外市場となり、
以前とはやや趣が異なります。

エスプレッソマシン
ひと息入れよう

スティーヴ・ズィスー船長率いるクルーの日常は、まるで何ひとつ完成していないかのように、あちこちを何度もいじり回し、永久に組み立て続け、絶え間なく変化している。潜水艦の名前が消されていたり、ネジの締め付けが悪そうな機械があったり、たいがい思うように動かない測定器がたくさんある。この雑然とした設備や機械は、言うまでもなく、地球の果てまで探検するために資金や助成金を求め続けた、実在の船長クストーにちなんでいる。スティーヴ・ズィスーも同じだ。一文なしで、探査船ベラフォンテ号と、ビートルズのイエロー・サブマリンのような黄色い小さな潜水艦（おもちゃからヒントを得て、潜水艦の巨大模型と同じサイズで作った）を維持するために苦心している。

この海洋の真ったなかを、スティーヴ・ズィスーおよび彼の無限の改造の腕前とは対極の存在が、船を進めている。リッチで、強くて大きくて格好良い、すべての点でいつでも彼を負かす準備ができている、宿敵であり大敵。このナルシストな海洋学者は、ほかでもないアリステア・ヘネシーだ。彼の名字は印象的である。世界をくまなく旅し、数え切れないほどの部族と動植物の種を発見したと噂される高名な一族、企業家あるいは科学者が多数輩出されている一族の子孫だろうと思わずにはいられない。巨大な真っ白の船と技術力（どちらもズィスーは羨み軽蔑している）を併せもつアリステア・ヘネシーに立ち向かおうとしても、ズィスーが勝てる見込みはほとんどない。コーポラティズムを

支持し、ハイテク好きで、過剰な装備。アリステア・ヘネシーは新世代の科学者を体現している。ズィスーとはみ出し者のクルーたちは、ヘネシーの半秘密基地に侵入し、金持ち科学者と自分たちを隔てる世界の大きさを知る。

アリステア・ヘネシーには、最高こそがふさわしい。極めて精巧な計器、正確な海図、最先端のレーダーとソナー……しかし、我らが愛する寄せ集めクルーが目を付けたのは、それらではない。もちろん、ジャガーザメを仕留めるのに必要な道具もいくつか持ち去ったが、彼らがわざわざ持ち出したのは新品のエスプレッソマシンだ。それは、長年のライバルに対する究極の侮辱なのか、それとも、ベラフォンテ号のクルーの日常生活の向上のためか？ 確かに、おいしいエスプレッソに勝るものはない。自分への褒美の昼寝の前に、たらふく食べた後に……そして、スキューバダイビングの前にも（酸素ボンベの補充を誰も覚えていないだろうから、潜るかどうかはわからないが）。もちろん、ズィスー船長にとって科学的発見や海底探査は重要だが、この作戦の実質的なブレーンである妻が不在のなか、クルーたちの優先順位が揺らぎ、ほかの何よりも快適さが優先されてしまった。クルーたちが遠征の準備をしているときでも、ペレ・ドス・サントス（セウ・ジョルジ）が忙しく働く姿はめったに見られない。できれば太陽の下、船首でギターを弾いていたいようだ。そんな彼にとって、完璧にセットアップされた機能的なマシンで淹れた1杯のエスプレッソが、日光浴の最高のお供になるのは間違いない。ベラフォンテ号のこの陽気なクルーたちに共感せずにはいられない。慌ただしい世界で、海賊による人質事件のさなかに、2発の銃声の合間に、友がジャガーザメに食い殺された後で、休息を取ってもいいのではないだろうか？ エスプレッソを楽しみながら過ごす時間は、世のなかの非情なペースに抵抗して得た1分だ。魚を追いかけるのは後回しでいい。

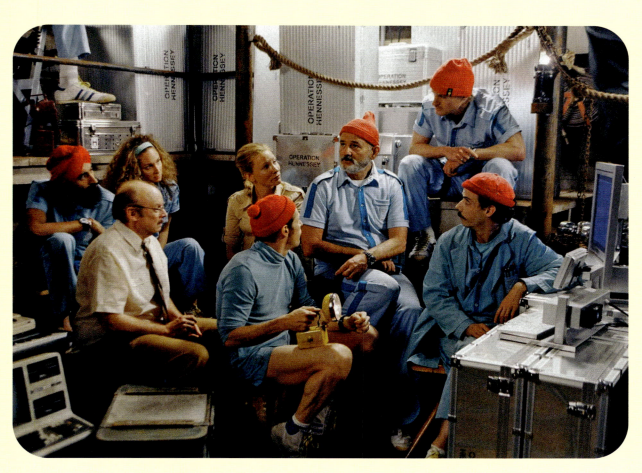

タン

ピクニックと、そのほかの冒険へ

それは鮮やかなオレンジ色の甘い粉末で、大きな白い文字が書かれた丸い金属の容器に入っている。涼しい、乾燥した場所で保管しなくてはならない。ひと昔前の飲み物、「タン（Tang）」。適量の水で薄めると、美しい鮮やかな色の飲料ができる、いわばインスタントのオレンジフレーバージュースだ。スカウトのキャンプを離れ、愛する人と冒険に出かけるときに持っていくには最高に便利で、『ムーンライズ・キングダム／Moonrise Kingdom』の勇敢な探検家サムが背負う重いリュックサックには、もちろん入っている。

タン、地図、パイプ、コンパスが、落ち葉や小石、松ぼっくりとともに慎重に配置され、"ゴッドアイ"ショットで映し出される（ウェス・アンダーソンが得意とする真俯瞰のショット。複数の被写体で凝った構図をつくりだす）。小さいスチール製のハイカーマグに入ったこの飲み物は、森のなかで自分の位置を確認しながらひと息入れるのに最適だ。スクリーンに映し出されるタンは、世代の違いが浮き彫りになる飲み物でもある。有名なオレンジ色の容器が映し出された瞬間、嬉しくて思わず声を上げる人もいれば、何かわからない人もいるだろう。タンとはいったい？ このアメリカ生まれの甘いフリーズドライ飲料は、1950年代後半から販売されていたが、ただちにヒット商品となったわけではない。後にNASAのジェミニ有人宇宙飛行計画に、この有名な粉末が採用されたのだ。1965年、サムとスージーのあの夏の冒険のわずか数ヶ月前だ。当然ながらタンの人気はあっという間に急上昇し、公式に"宇宙飛行士の飲み物"とみなされることになった。懐かしい広告キャンペーンを覚えている

観客もいることだろう。たくさんの広告がつくられ、印象的なスローガンが生まれた。「タン。宇宙飛行士と、地球の仲間たちへ (Tang. For Spacemen and Earth Families.)」

タンの容器を持ってキャンプ・アイヴァンホーから逃げ出したとき、サム・シャカスキーは間違いなく、この飲み物が発する冒険のオーラに気付いていた。人工的な風味と鮮やかな色（正直、オレンジ色が強すぎる）は、優秀なスカウトたちの大自然への憧れや自給自足の生活とはいささか対照的だが、サムだってほかのみんなと同じで、まだ子どもだ。アンダーソン作品に登場する子どもたちは、小さい大人のように振る舞うが（そして大人はその逆）、彼らが実は子どもなのだと思い出させるディテールがいくつか仕掛けられている。駆け落ちした2人の持ち物を見てみよう。スージーは子ネコ、図書館の本、ポータブルレコードプレーヤー。サムの方はまだ少し現実的だが、それでもポテトチップスとホットドッグだ。マーゴ・テネンバウムも、弟を連れてアフリカの果て（つまり、ニューヨーク市立公文書館のアフリカ棟）へ家出したとき、寝袋と本、食料としてクラッカーとルートビアを持っていった。

アンダーソンがスクリーンに映し出すピクニックには、子ども時代の矛盾を優しく思い出させてくれる何かがある。横柄で物怖じしない、大人になると消えてしまう自信にあふれた無法者の子どもたちは、自立したい、一人前になりたいという熱意だけで、冒険の旅に出る。「急いで大人になってはいけない」と知っている大人の観客たちは、幼い冒険家たちが慎重に準備した荷物を開けると、その中に絵本や炭酸飲料など、子どもらしい宝の山が詰まっているのを見る。子どもたちのあまりにも真剣な表情の下に、その年ごろならではの空想を見つけて安心するのだ。そしてタンは、大人の観客に対して間違いなく同じ力を発揮して、懐かしい気持ちにさせる。砂糖の味を思い出させ、そのその香りはマドレーヌをお茶に浸して食べたプルーストのように、瞬時に「失われた時」の記憶を呼び覚ます。⚷

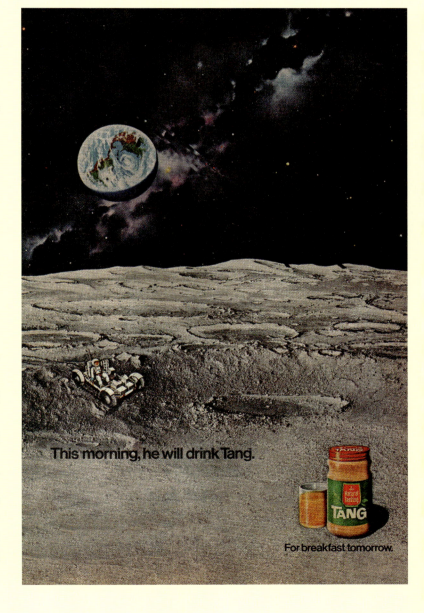

119

ビーンのリンゴ酒
至高の飲み物

フレッシュでクリア、それでいてわずかに曇った色合い。美しい透明のボトルに詰められ、歯と歯の間でシュワシュワ、ぱちぱちと音を立てる飲み物。Mr.フォックスが垂ぜんするリンゴ酒は貴重品で、厳重に守られている。フォックス家の家長にとって、リンゴから作られるこのアルコール飲料は、まさに神々の酒だ。上品な秋色のコーデュロイのスーツと同じように、このリンゴ酒も彼のために作られたかのようだ。この美味な酒は、丘の向こうにある3つの農場のひとつで、"おそらく"世界で最も恐ろしい男、フランクリン・ビーンが作っている。ビーンはリンゴの生産者であり、トラ模様の美しい鳥、七面鳥の丸々とした独自の品種を育てている。そんな彼は「レッド・リマーカブル」というまったく新しい品種のリンゴを作り出した。その滑らかな皮は小さい金色の星で覆われ、並外れた品質が保証されている。

農家の地下室で、フランクリン・ビーンはマッドサイエンティストよろしく、レール、チューブ、ピストン、丸底フラスコ、警告灯、押しボタンなどが付いた謎の装置を使ってリンゴ酒を製造している。この地獄の装置を使うと、強力な芳香とアルコールの液体を数滴抽出できる。対して発酵場にある別の機械では大量のリンゴ酒が作られ、赤いキャップの付いた、大きくてつやのあるガラス瓶に詰められる。瓶には大文字で「BEAN'S ALCOHOLIC CIDER（ビーンのリンゴ酒）」と書かれている。ただし、この手作りリンゴ酒は中毒性があるから注意が必要だ。実際、フランクリン・ビーン自身もほかのものはほぼ口にせず、毎日リンゴ酒ばかり2、3本飲んでいる。

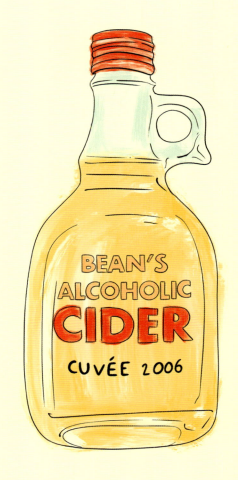

Mr.フォックスにとって、この唯一無二のリンゴ酒には2つの魅力がある。極上かつ、危険なことだ。いかにも、ニワトリやトラ模様の七面鳥、太ったガチョウは、腹を空かせたキツネ家族には申し分のない食事だが、リンゴ酒は贅沢品。アドレナリン不足のキツネにしてみれば、フランクリン・ビーンが大事に保管しているリンゴ酒を略奪するのは、盗みの醍醐味である。しかもこの盗みは、飢えや困窮に迫られた結果ではない。銀行強盗と同じ、壮大な計画なのだ。そしてまた、強盗映画の名作なら、泥棒は引退する前に、最後にもう一度悪魔をそそのかすと

決まっている。ボギス農場の鶏舎とバンス農場の燻製肉倉庫の盗みで勢い付いた Mr. フォックスは、そのキャリアを有終の美で飾ろうとする。

貴重なリンゴ酒を手に入れるには、（ほぼ）何事もなく進む、完璧な計画が必要だ。しかし Mr. フォックスがその "驚異の洞窟" に入るやいなや、宿敵である凶暴なうそつきネズミに出くわす。赤白の太い縞模様のぴったりとしたセーターを着たこのネズミは、紳士的な強盗を自負する Mr. フォックスとはまったく別のタイプの悪党だ。刃物で武装し、「ウエスト・サイド物語」のギャングのように指を鳴らして、平気な顔で Mrs. フォックスの名誉を傷つける。顔を合わせただけで、作戦そのものが台無しになりかねないけんかが始まる。そこに突然、フランクリン・ビーンの妻が現れてけんかは中断。Mr. フォックスは急いで貯蔵庫の棚に隠れ、リンゴ酒の瓶の形のような、あり得ない姿勢で丸くなる。こうしてひどい目に合わずに済んだキツネだが、農場主たちは反撃の準備を整えていた。

野生の本能と育ちの良さのはざまで、本格的な実存的危機に陥る Mr. フォックス。鋭い歯を持つ世俗的なキツネにとって、捕食衝動を完全に隠すのは難しい……。どうすれば、2つの性質で折り合いをつけられるだろう？ 至高の飲み物であるリンゴ酒が、2つの世界を結び付けられるという幻想をキツネに抱かせたのかもしれない。

誇大妄想に駆られた Mr. フォックスには、自身の野心に見合う盗みが必要だ。そこで彼は、腹を空かせたキツネにとってはケチな窃盗に過ぎない、ニワトリや七面鳥といった鳴きわめく鳥たちに別れを告げる。至高の名作やダイヤモンドが産出される川を探し求める人たちと同じように、この誇り高きダンディーは、この世で最も美しいものを探しに行く。グルメな我らが四つ足のアルセーヌ・ルパンにとって、これ以上の戦利品はないだろう。フランクリン・ビーンのリンゴ酒は、世界でも最高の品だ。「のどを焼き、胃の中で煮えたぎる……ちょうど溶けた純金のような味」と Mr. フォックスは力説する。友人バジャーにとっては、"太陽の光と虹" をもたらす至高の飲み物。私たちもファンタスティック Mr. フォックスとテーブルを囲んで、一緒にすすりたいものだ。しかし、そのためには計画が必要だ。いつだって、計画が必要なのだ。⚷

アステロイド・シティのダイナー
地球最後のパンケーキ

テクニカラーの砂漠の真ん中に埋もれた、シティと呼ぶのがためらわれる小さな町。数世紀前にこの地に落ちてきた銀河の小石にちなんで名付けられた「アステロイド・シティ」にあるのは、10戸のバンガローが並ぶモーテル、ガソリンスタンド、天文台、そして（もちろん）ダイナーくらいのものだ。まさしくアメリカの象徴であるダイナーは、フランスのカフェとは簡単には比較できないし、ましてやレストランでもない。地元の人たちも、旅に疲れて立ち寄るよそ者も温かく迎え入れる、砂漠のオアシスのような場所だ。果てしなく広がるカリフォルニアの砂漠を長時間ドライブした経験のない人には、途中でこのようなプレハブのオアシスに出くわしたときの喜びは、想像もつかないだろう。ダイナーと聞くとすぐに、コーヒーにアップルパイ（ときにはキーライムパイ）、ハンバーガー、フライドポテトの良い匂いがよみがえる。アメリカらしい内装に、何千人ものトラック運転手のジーンズの尻ですり減った合皮のシート、駐車場を見渡せる大きい窓、鉄道の食堂車を思わせるピカピカのステンレススチール、掃除したばかりのビニールの床、フォーマイカの長いカウンター。そして何よりも、メニューと手ごろな価格がドルで書かれた大きい黒板がある。

『アステロイド・シティ／Asteroid City』のダイナーも暗黙のルールの例外ではなく、これらすべてがスクリーンに映し出される。客の来店を告げるベルが鳴ると、きれいにパーマをかけた制服姿のウェイトレスが顔を上げる。コーヒーメーカーがひどく不味いコーヒーを温め、ケチャップの瓶が整然と並べられ、常連客が地元紙の最新版を読み、パンケーキがきれいに積み上げられ、部屋の片隅ではアンティークのジュークボックスが音楽を奏でている。そして、ウェス・アンダーソンが観客の渇きを癒すかのように作品全体に惜しみなく配したラグーンブルー

とミントグリーンの色合いが、アリゾナ、カリフォルニア、ネバダ（1つに絞る必要はないだろう）の入り口に位置するこの砂漠の、焼けるような空気を爽やかに変えている。サボテンとカウボーイが描かれた壁紙は、ここが本物のアメリカ西部だと思い出させてくれる。

だがこのダイナー、この小さな砂漠の町もそうだが、あまりにアメリカ的すぎやしないだろうか？ 実際、この場所が存在しないという点では、映画のなかと私たちの世界は同じである。そう、『アステロイド・シティ』もまた、ウェス・アンダーソンが得意とするマトリョーシカ遊びのひとつだ。彼はそのロジックを一歩進めて、マトリョーシカの中にまた別の人形を入れてみせる。アステロイド・シティのダイナーは、実は俳優一座がブロードウェイの舞台で上演する劇の背景で、しかもその劇自体はチャンネル8のスタジオでロッド・サーリング風のナレーターがプロデュースするテレビ番組で、

123

そのテレビ番組が最終的に、ウェス・アンダーソンのこの映画というわけだ。何層にも重なったフィクションに埋もれたダイナーは、ずっと遠くに感じられる！ アステロイド・シティはアメリカではないが、観客の心を揺さぶるのに十分な神話を呼び起こし、かき立てる、ひとつのアメリカの姿だ。架空の大西部（カントリーミュージックに包まれ、赤い山々が点在する独特な景観）に、宇宙征服（星に夢中な若き天才たちが、未知の生命体と遭遇する）、核の時代（地平線上で巨大な爆発が起こり、原子力の威力を不気味に思い出させる）、そして最後はショービジネスの世界（アクターズスタジオで訓練を受けたブロードウェイやハリウッドの俳優たち、演出に関する意見の不一致、アンダーソン作品全体に漂う映画的な雰囲気）。たっぷりの神話や伝説によって、観客の強い興味、そして喉の乾きが引き起こされる。それでは、居心地の良いダイナーに戻るとしよう。

アステロイド・シティのダイナーは、この映画への本当の入り口だ。銀幕上で永遠に繰り返されてきたおなじみの設定が、瞬時にごく小さいアメリカの"肖像"を描き出す。ダイナーはまた、主要キャラクターを観客に紹介し、出会いを演出し、最後は舞台から退場させる重要な役割も担っている。魅力的な休憩所は基本的に途中下車の場であり、映画の観客にとってはキャラクターたちがどう変わったかを確認する機会にもなっている。この映画における冒険は、すべてにおいて対称的なシーンで終わる。まったく同じ注文（コーヒー、パンケーキ、イチゴミルク）、同じ質問（「おしっこは？」）、原爆実験、道路ではカーチェイスが繰り広げられる。日常生活が戻り、習慣はいっこうに変わらない。アメリカは依然としてアメリカのまま、地球外生命体の来訪という異常事態にも動揺などしていない。

アステロイド・シティのダイナーが通過点なら、何はともあれ、キャラクターたちはいつか去らなければならない。キャラクターにとって、アステロイド・シティは単なる"幕あい"に過ぎない。封鎖が解かれれば、皆がそれぞれの人生に戻り、この小さい町のことも、そこに住む人々のことも、チェリーが乗った5ドルのミルクシェイクのことも、世界中の誰にも話さずにすべて忘れるだろう。私たちもダイナーを出る前に、グリルドチーズサンドイッチとおいしいホットコーヒー（またはレモネード）の誘惑に身を任せよう。ダイナーは安らぎの場であり、いつでも戻れる馴染みの場所だ。消えてしまった伝説のダイナーもあるようだが、いくつかはまだ存在する。もし、こんな魅力的な場所を見つけたら、立ち寄ってドライブの疲れを癒してみてはいかがだろう。先はまだ長いのだから。⚷

ASTEROID CITY
SERVICE STATION
ACROSS THE ROAD
OIL AND GREASE
REPAIRS FREE AIR
TOWING

VI
オーディトリアム

ローマの劇場の形をしたこの小さいオーディトリアムは、その控えめな大きさにも関わらず、非常に厳しい音響基準に従って作られている。午前中の中央ステージでは、むさ苦しい神経学の教授や革新的な講演者が、決して多くない聴衆に向かって講義をしている。しかし、夜には一風変わったプログラムが催される。ベンガルのミュージシャンが少年少女合唱団の前座を務め、レトロなフレンチポップスの後にバラライカのオーケストラがステージに上がる。ウェス・アンダーソン作品において、映像が重要な位置を占めるのはもちろんだが、彼の唯一無二の世界で、音楽が果たす役割も忘れてはならない。『ダージリン急行／The Darjeeling Limited』を観た後に、ジョー・ダッサンの「オー・シャンゼリゼ」を口ずさまない人がいるだろうか？『ムーンライズ・キングダム／Moonrise Kingdom』のフランソワーズ・アルディの声に誘われて、映画館の椅子から立ち上がり、ツイストを踊りたくならない人がいるだろうか？ カフェ・ル・サン・ブラーグでも繰り広げられていそうな、熱狂的なツイストだ。『天才マックスの世界／Rushmore』を観て、アルビオン（イギリスの異名）が生み出した、60年代ブリティッシュポップのビートに魅了されない人がいるだろうか？ ウェス・アンダーソンの映画音楽には、専用の部屋を割り当てる価値がある。それどころか、単独の展覧会を開く価値があるだろう。既存のタイトルや音楽を組み立て、サウンドトラックを選ぶ技術をこれほど見事に昇華させた監督はそういない。レコードハンターやあらゆるコレクターにとって、ウェス・アンダーソンのサウンドトラックはまさに宝の地図だ。観客のなかには、上映が終わるとその足で近くのレコードショップに向かい、レコードを1枚か2枚持って帰る人も珍しくない。観たばかりの映画、耳の奥底で響くウェス・アンダーソンらしい優しい郷愁の旋律の余韻に、少しでも長く浸ろうというわけだ。

「イエイエ」ムーブメント
ウェス・アンダーソンにとっての静かなる革命

時は1960年代初頭。フランスが変貌を遂げる前の話だ。通りはまだ静かで、人々は新聞を手にパイプをくわえ、テラスでゆっくりとコーヒーを味わっている。1959年にフランス共和国大統領に就任したド・ゴール将軍が、フランスを厳しく管理していた。しかし、団塊の世代、つまり戦後生まれの若者たちは焦燥を感じ、物事を揺り動かしたい、踊りたい衝動に駆られていた。そんな若者たちの間から、椅子から立ち上がってテーブルをひっくり返し、国を眠りから覚ますきっかけとなる、とある音楽ムーブメントが起きた。

「イエイエ」は、当時アメリカのツイストやロックのヒット曲でノリノリで叫ばれていた「イェイ！」にちなんで名付けられた音楽ムーブメントだ。1963年、フランスの新聞「ル・モンド」のコラムで、社会学者エドガー・モランが、フランスのティーンエイジャーの心をつかんだこのムーブメントをこう命名したのだ。若い歌手たちの台頭によるヌーヴェルヴァーグ（新しい

波）は、やがてジョルジュ・ブラッサンス、ジャック・ブレル、マルセル・ムルージといった、当時の国民的人気歌手たちの王座を脅かすことになる。才能あるベテラン歌手たちは、勢い付いたティーンエイジャーたちにその場を明け渡しつつあった。ベテラン勢のうち、セルジュ・

129

ゲンスブールだけはこの新しいグループの一員となり、雑誌「サリュ・レ・コパン」の表紙を飾った。その象徴的なショットを撮影したのは、1950年代フランスの犯罪スリラー映画で活躍した名優フランソワ・ペリエの息子、ジャン＝マリー・ペリエだった。彼はその後も長く、音楽シーンの精神をとらえる写真家として活躍した。

ジョニー・アリディ、シェイラ、クロード・フランソワ、フランソワーズ・アルディ、フランス・ギャル、クリストフ、ミシェル・ベルジェ、エディ・ミッチェル、リチャード・アンソニー。名前を挙げればきりがないが、たくさんのアイドルたちが歴史に名を残し、外国の人々の脳裏にまで、フランスの若者のイメージを永遠に刻み付けた。ライフ誌は「イエイエガールズ万歳(Hooray for the Yé-Yé Girls)」という見出しを掲げた。日本でも、「イエイエ」(フレンチポップス)ムーブメントは大変な熱狂をもって迎えられ、Flipper's Guitar、Pizzicato Five、Chocolat、paris matchといったグループに代表されるJポップのサブジャンル、渋谷系が誕生した。そうはない話だ。フランスの音楽は日出ずる国にまでその影響が及んだのだ。1968年のカオス、闘争、動揺、大混乱が起こるまで、バーや石畳の舗道など、フランスの至る所で人々がマッシュポテトを踊っていた。

ウェス・アンダーソンをはじめとする映画監督たちに、イエイエのすべてが実に魅力的に映っただろう。そのスタイル、軽快なメロディー、あるいは若いときだけの純真さ。イエイエムーブメントがもたらしたのは「大人を大いに不快にさせる、中身のない特別な形の高揚感」だと、エドガール・モランは書いている。テキサス出身のアンダーソン作品の最も象徴的なシーンには、音楽とそれにぴったりの背景が、完璧に設定されている。ジョー・ダッサンの「オー・シャンゼリゼ」に合わせて流れる『ダージリン急行』のエンドクレジット(ジョー・ダッサンはブルックリン生まれで、フランスの映画監督ジュールズ・ダッサンの息子だ)や、ニューペンザンスの曇り空の浜辺で

フランソワーズ・アルディの「恋の季節」に合わせて、駆け落ちした2人のティーンエイジャーが即席のギャンゲット(ダンスホール)で踊るシーンを思い出してほしい。アンダーソンはフランスを愛し、かつて文化の中心地であったサン=ジェルマン=デ=プレ地区に10年以上住んでいる。もちろん、そこには老舗のカフェ・ド・フロールがある。監督がヘッドフォンをつけてレトロな音楽を聴きながら、自らつくり上げた自分だけのフランス、自分だけの小さいパリを散策している姿はすぐに想像できるだろう。『フレンチ・ディスパッチ ザ・リバティ、カンザス・イヴニング・サン別冊／The French Dispatch of the Liberty, Kansas Evening Sun』(以下『フレンチ・ディスパッチ』)では、パリの石畳がアンニュイ=シュール=ブラゼの石畳に置き換えられ、若い世代はビストロでの軽薄で楽しい夕べと、激しさを増す議論の間で揺れ動く。

『フレンチ・ディスパッチ』のカフェ・ル・サン・ブラーグには、ティーンエイジャーが集まって"レ・ショー"を踊ったり、奇妙な名前のヘアスタイル("クルトン"、"ポンピドゥー")を見せびらかしながら、ラテン語、哲学用語、自ら開発した手話を交えた独特のスラングで自分を表現する。映画の公開にあたり、ウェス・アンダーソンは既成概念の枠を超え、ヒット歌手ティップ・トップ役にバンドPulpのリード・ボーカル、ジャーヴィス・コッカーを起用した。そうして実際に、架空の歌手のアルバム「シャンソン・ダンニュイ・ティップ・トップ(倦怠感に満ちたティップ・トップ歌集)」がリリースされる。フレンチシャンソンのスタンダードナンバーを、ソフトで淫靡(いんび)なイギリスなまりのアクセントでささやく、味わい深いカバー集だ。ダリダの「ダン・マ・シャンブル」、ブリジット・フォンテーヌの「雨の停車場」、クリストフの「愛しのアリーヌ」など、映画の予告編のサウンドトラックに使われている曲が収録され、冒頭から映画の雰囲気を決定付けている。そう、この映画の主題は、私たちのお気に入りの監督が選んだ第2の故郷、フランスなのだ。⚍

バラライカ
ノスタルジーの響き

ズブロフカ共和国で、人々の日常生活のリズムを刻むのは、どんな音符、賛歌、メロディーだろう？『グランド・ブダペスト・ホテル／The Grand Budapest Hotel』の見事な"拡張世界"には、歴史的背景はもとより美食から文学に至るまで架空の民俗的な背景がたっぷりと加えられている。そこでは、現実と想像の境界、真実と幻想の境界が常に曖昧だ。この隔絶された世界を形づくるディテールや伝統は数々あるが、そのなかで音楽は当然、特別な位置を占める。フランスの作曲家アレクサンドル・デスプラによる『グランド・ブダペスト・ホテル』のサウンドトラックは、映画の舞台である小さな国と同じく、中欧各地の影響が楽しくミックスされている。このサウンドトラックの中心にあるのは、万人の感情に訴えるある楽器だ。一度弦を鳴らせば、たちまちスラブの異国情緒あふれる想像の世界に引き込まれる。この極めて独特で深く甘い音色を奏でるのが、バラライカだ。

悠久のロシアの歴史と切り離せないこのリュート属の弦楽器は、細長い棹から広がる三角形の胴が特徴だ。映画の世界では、1965年、巨匠デヴィッド・リーンがロシアの作家ボリス・パステルナークの小説を映画化した長編「ドクトル・ジバゴ」で使われ、バラライカが一躍世に知られるようになった。ロシア革命の混乱を舞台にしたこの歴史大作で、バラライカは主人公ユーリが受け取った唯一の遺産であり、キャラクターの運命と世代をつなぐものとして象徴的に用いられた。それだけでなく、モーリス・ジャールによる本作の楽曲、とりわけ名曲「ララのテーマ」は強い印象を残した。MGMのスタジオオーケストラにはバラライカを弾ける演奏者がいなかったため、モーリス・ジャールは

ロサンゼルスのロシア正教会の門を叩いて、バラライカに詳しい 25 人を集めた。十月革命から内戦、そして大粛清まで、モーリス・ジャールの音楽に戦争とボリシェヴィキ弾圧という不吉なアクセントが伴う。男性の声が革命の歌やロシア軍の合唱を想起させる一方で、ララのテーマの繊細な対旋律が救いをもたらす。「ドクトル・ジバゴ」でアカデミー作曲賞を受賞したこのフランスの作曲家は、バラライカのアルペジオを不朽のものとして、映画芸術に加えた。

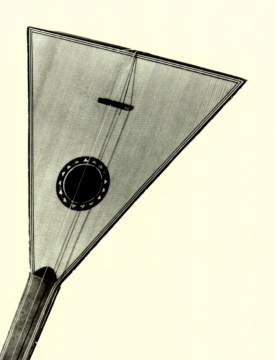

『グランド・ブダペスト・ホテル』では、バラライカの音色がときに喜びの響き、ときに物憂げな哀歌となって響き渡る。この映画もやはり、キャラクターたちが歴史の破壊的な嵐に巻き込まれるが、デスプラは、遠い異国の音と民俗的な響きを組み合わせ、オリジナルのサウンドトラックを作った。ズブロフカ共和国ならではの独特なサウンドを実現するために、ハンガリー、ロシア、ルーマニア、さらにはスイスの要素を集めた興味深いオーケストラを結成した。「『グランド・ブダペスト・ホテル』では、中央ヨーロッパの"どこか"に設定された、この小さな国に観客を誘うことが要求されました。クラシックの弦楽オーケストラや、地域を特定できるような音楽は使いたくなかったのです。求めたのはむしろ、真正の伝統音楽とはかけ離れたエキゾチックな香りや色彩です。それを、バラライカやツィター、ツィンバロン、アルプホルンの音色に見つけたと思っています」[1] とデスプラは回想する。そうして彼はサン=ジョルジュ・ド・ムードンのバラライカオーケストラを起用し、ともに米アカデミー作曲賞を受賞した。

この架空の国の所在は正確にはわからない。しかしバラライカの音色はスラブ語で私たちに語りかけ、遠い地の厳しい冬を伝える。ヨーデル歌手の澄んだ歌声が、そびえ立つ吹きさらしの山々の物語を語り、その響きは険しい山の斜面を降りてくる。雷鳴のような金管楽器とリズミカルなマーチは、軍国主義の不条理な物々しさと戦争の脅威の到来を告げる。ときとしてその緊張は予期せぬできごとによって和らげられる。デスプラが作り上げたオリジナルサウンドトラックのおかげで、観客は、想像上の地図でグランド・ブダペストの場所の"あたりをつける"ことができる。これ以上の正確さは誰も求めないだろう。ある地域を想起させることに加え、このサウンドは、優雅な雰囲気やノスタルジックな印象を作品に与えている。ミスター・ムスタファのテーマであるバラライカのトレモロは、グランド・ブダペストのオーナーの穏やかな憂愁を奏で続ける。彼は、帝国の衰退の物言わぬ目撃者だ。その記憶も、今ではこの古いホテルのあちこちに断片的に散らばるのみ。残されたのは、過ぎ去りし日々の物語と、世界の流れを止めるバラライカの弦をはじく音だけだ。⚲

1. François-Gildas Tual, "Un voyage avec Alexandre Desplat," Maison de la Radio et de la Musique, 10 September 2018.

ブリティッシュ・インヴェイジョン
反抗をやめない、ひと束の髪

1960年代の幕開けを迎え、世界に大きい波が押し寄せようとしていた。この音楽的、文化的潮流の先頭に立つのは、新進気鋭の若者ジョン、ポール、ジョージ、リンゴの4人だ。ビートルズはあっという間にアメリカのヒットチャートを掌握し、キングの座を奪い、熱狂的なビートルマニアが誕生した。そして何より、「ブリティッシュ・インヴェイジョン」の旗印の下に団結した若者たちに扉を開いた。ローリング・ストーンズ、ザ・フー、アニマルズ、キンクス、そしてゾンビーズもまた、ステージの最前列へ進み出ようと意気込んでいた。一方、大西洋の反対側、ロンドンのソーホーからカーナビースストリートでは、スウィンギング・シックスティーズのリズムに酔い、ツイッギーをまねてミニスカートやロンドンルックに身を包んだ若者たちが、世界最先端のファッション集団の地位を確立していた。

ウェス・アンダーソン映画から何かを見つけようとする行為には、レアな逸品を求めて埃をかぶったレコードケースをあさるコレクターが覚えるような高揚感が伴う。彼は当時のディスコグラフィーの深淵にもぐるために（ビートルズやスティーヴ・ズィスーと一緒にあの黄色い潜水艦に乗り込むために）、素晴らしい音楽監督を脇に据えた。『天才マックスの世界／Rushmore』のラシュモア校の廊下から『アステロイド・シティ／Asteroid City』の砂漠まで、理想のサウンドトラックを模索するウェス・アンダーソンをサポートする重責を任されたのが、ランドール・ポスターだ。コレクターにはそれぞれの趣味や固定観念（要するに得意分野）がある。アンダーソンとランドール・ポスターはいっとき、この「ブリティッシュ・インヴェイジョン（イギリスの侵略）」現象に夢中になった。『天才マックスの世界』は、彼らの実りあるコラボレーションと、ローリング・ストーンズ、ザ・フー、フェイセズ、ジョン・レノン、キンクスの偶然の出会いから生まれた、超イギリスびいきの作品だ。同作のサウンドトラックは、カセットテープに録音して友人同士で聴かせ合うような、いわゆるミックステープのような趣がある。「アメリカン・グラフィティ」の大ヒットサウンドトラックから、クエンティン・タランティーノの選りすぐりのセレクションまで、アンダーソン以前にも、"ベストアルバム"の

観点でサウンドトラックをとらえた映画監督は存在する。しかし、アンダーソンにとって、音楽は何よりもキャラクターの内面を映し出すものでなければならない。キャラクターが沈黙することで、感情が強調され、やがて観客が彼らの内面と同期することもある。実際、アンダーソンは、登場人物と音楽をリンクさせるのにポストプロダクションまで待つタイプではない。『天才マックスの世界』では、撮影に入る前にサウンドトラックのほとんどを収録し、撮影現場で流していた。サウンドトラックが映画の雰囲気を決め、シーンのペースを左右することもある。アンダーソンはプレス資料で、『天才マックスの世界』の若きヒーロー、マックス・フィッシャーの内に潜む狂気と、ブリティッシュフィーバーとのある種の類似性について述べている。"模範的"な若者たちを代表するアイコンというわけだ。監督は言う。「ブリティッシュ・インヴェイジョンの音楽を使ったのは、マックスのもうひとつの側面に迫るためです。彼は、自分は洗練された人間だとアピールし、ブレザーやネクタイを身に着けています。でも実際は、十代の若者であり、クレイジーな行動をとります」。[1]

『天才マックスの世界』は、十代を象徴する映画の足跡(リンゼイ・アンダーソン監督の「If もしも ....」の激しい反体制主義から、イエジー・スコリモフスキ監督の「早春」で描かれた衰退するスウィンギング・シックスティーズに漂う不穏な空気まで)をたどりながら、この青春の狂気の一部をテキサス州ヒューストンに持ち込もうと試みた作品だ。ランドール・ポスターは語る。「私たちが注目したのは一種のスタイルです。時代も事情も大きく異なるものの、同じスタイルの別バージョンをつくろうとしたのです。高揚感のある「ブリティッシュ・インヴェイジョン」のスタイルは、この映画の主題にぴったりで、そのエネルギーと込められている感情は、観客の心に響くでしょう」。[2] マックスが空に向かって拳を突き上げる『天才マックスの世界』のポスターのキーワードは「愛、追放、革命」だ。ランドール・ポスターによれば、アンダーソンは「ブリティッシュ・インヴェイジョン」の曲を使うことで、何よりもまず、規範を覆そうとしている、恐れ知らずの若者の感情を映像と結び付けようとした。「思春期を過ぎて新たにわき起こる、エネルギーと活力を表現する音楽」だ。[3] 公開から20年以上経っても、『天才マックスの世界』のサウンドトラックは、思春期の反抗心を抱きながら気ままに歌い続けている。カセットプレーヤーの中に残され、手書きラベルを貼った古いコンピレーションのように。🗝

1.『天才マックスの世界』プレス資料, Touchstone Pictures, 1998.
2. 同前。　　3. 同前。

ベンジャミン・ブリテン作曲
「青少年のための管弦楽入門」
フーガの芸術

はじめに木管楽器のフルート、オーボエ、クラリネット、ファゴット。次は金管楽器のトランペット、ホルン、トロンボーン、チューバ。そして、バイオリン、ヴィオラ、チェロ、コントラバス、ハープといった弦楽器が続く。最後は、太鼓や銅鑼などの打楽器だ。解説が一区切りすると、オーケストラのすべての楽器がヘンリー・パーセルの見事な主題を奏でる。はじめは、ビショップ家の子どもたちのレコードプレーヤーから流れる、雑音交じりのこもったような音だ。ほどなくカメラは家から抜け出し、ゆっくりとズームアウトして島の反対側(おそらくスージーが大切にしている双眼鏡で見渡せる所)まで観客を連れて行く。そのタイミングで、レコードプレーヤーからの音が、力強いクリアな音に切り替わる。ドールハウスのような赤いビショップ家はもはや、壁に飾られた刺繍にしか見えない。嵐の空を背景に、映画のタイトル文字が素朴な黄色のアラベスク模様を描くまさにそのとき、観客はこの映画で最初の脱出を体験する(映画の場面の中から、場面の外へ)。「時間があるうちに出発しなければ」という強迫観念を中心に据えたこの映画の冒頭、「青少年のための管弦楽入門」が流れるなか、家族たちは思い思いの朝をはじめている。

ベンジャミン・ブリテンが1946年に作曲し、ニューヨーク・フィルのレナード・バーンスタインが指揮した小さい音楽ガイド「青少年のための管弦楽入門」は、『ムーンライズ・キングダム』の導入に使われる。子どもの指揮者が丁寧な口調で解説を加える、壮大であると同時に学術的でもあるこの楽曲は、この映画によく似ている。子ども時代と大人時代の矛盾した衝動に満ち、すべてが、思春期前の危うい時期に向かって収束している。この作品は、多くの子どもが学校で交響曲の初歩を学ぶきっかけとして必ず通過する、イニシエーション的な曲だ（まるでアンダーソンの映画のようだ）。アンダーソンはオープニングクレジットとエンディングクレジットの二度にわたって、彼に敬意を表している。後者では彼のやり方を『ムーンライズ・キングダム』のオリジナルスコアに応用した。スタッフの名前がスクリーンを流れる間、アレクサンドル・デスプラの曲に挿入された子どもの声が、バンジョーからハモンドオルガン、鉄琴まで、楽器を1つひとつ紹介していく。折に触れて制作秘話を明かすことを何より楽しみにしている監督にとって、これもまた、先達のベンジャミン・ブリテンの方法にならい、映画制作の内幕を明かすひとつの方法だ。

『ムーンライズ・キングダム』の冒頭の数分は、すべてが動いている。オーケストラが音楽を進行させるだけでなく、カメラも動く。移動ショットで1部屋ずつ見せながら、ハープの荘厳な音色を挟んだり、浴室のシンクでそのまま髪を洗っているビショップ夫人を映したりするが、まるでオペラのようにすべてが硬い動きだ。この一連の動きはダイヤモンドの針がレコードの溝から離れると同時に終わりを迎える。この4分半の序章は、パーセルの主旋律を余すところなく使い、分析、解説し、分解し、そしてグランドフィナーレで再びシンクロする。スージーが秘密の計画のはじまりを告げる謎の手紙を受け取り、カメラがその決意の固さを映し出したときに、音楽は最高潮に達する。

オーケストラのすべての楽器が一体となった華やかさが、スージーとサムの行動計画の山場と重なる。逃避行のスリルが旋律に置き換わっているようだ。スージー・ビショップの解放への切実な願いを表現するには、このシンフォニックな音色に勝るものはないだろう。もちろん彼女は、音楽の変奏と繰り返しによって完璧に体現された、存在の封じ込めや単調さから逃れたいのだ。さもなければスージーは、早く大人になりすぎてしまう。

小さい指揮者の分別のある話し方から、巧みに演出されたカメラの動きまで、ウェス・アンダーソンの整然とした正確な演出の裏側では、いつも何かが起こっている。嵐の前の静けさのように。⚷

ベンジャミン・ブリテン作曲 「ノアの洪水」

嵐の前の静けさ

教会の前庭に、キリンやゾウ、アリクイ、正体不明のげっ歯類など、たくさんの奇妙な生き物たちが、体に合わないフェルト製のコスチュームを着て出番を待っている。ウェス・アンダーソンのベンジャミン・ブリテンに対する愛は『ムーンライズ・キングダム』全編を通して貫かれ、同作ではこのイギリスの作曲家の作品が定期的に登場する。そして、同じくブリテン作曲の「ノアの洪水」(1958年)。聖書の大洪水と水平線に迫り来る巨大な嵐、そしてそれに対して語り手が絶えず観客に発する警告。意味することは、極めて明瞭だ。かくして主人公たちの逃避行は、洪水で始まり、洪水で終わる。

災害に襲われる前の夏、ニューペンザンス島の聖ジャック教会で、チェスター・ミステリー・プレイの1つをベースにしたベンジャミン・ブリテン作の一幕オペラ「ノアの洪水」が上演された。気象災害に先んじて起きた、劇中の洪水だ。島の子どもたちが箱舟の動物を演じ、招かれたスカウト隊員が観劇している。象徴的な意味では、この"動物の子供たち"は来るべき嵐から大人が救い、守るべき存在だ。そして、子どもたちが簡素な舞台に仕立てた聖書の大洪水が予示する嵐は、本物であり、隠喩でもある。やがてその地域全体を飲み込む、失望の前兆だ。映画の終盤、ついに嵐が到来し、豪雨がブラック・ビーコンのダムを押し流す。この最後の幕で、教会は老若男女を問わず島民の避難所となり、島を水没させかねない荒れ狂う波から皆を守る砦となる。しかし大詰めの場面で、サムとスージーは間に合わせの箱舟の保護をきっぱりと拒み、建物の屋根を伝って命がけで逃げ出す。

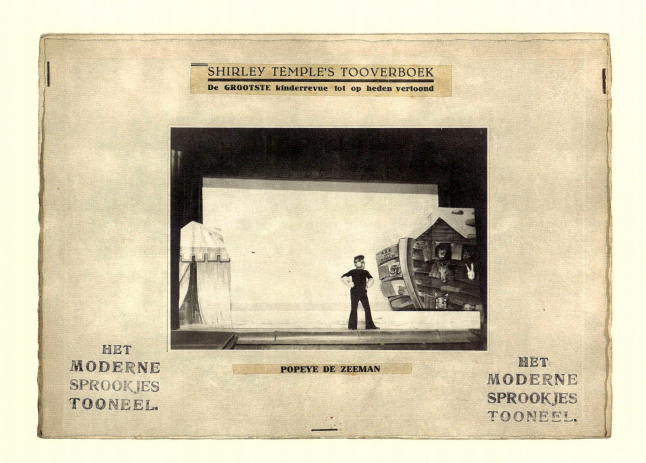

　ベンジャミン・ブリテン作品の中心に子ども時代が置かれているとすれば、それは、結果的に子どもたちが主題であり、演者であり、受け手であるからだ。そして、この作品はブリテンによって、初心者向けに、講堂やオペラハウスの舞台ではなく、教会でアマチュアのキャスト（特に子どもたち）が演じることを想定して書かれている。『ムーンライズ・キングダム』で上演される劇には、カリグラフィー風のポスター、段ボールに描いた雲、棒で吊るした稲妻、素朴なコスチューム、ステージ前で小さい手が紙を揺らして作る波など、まさにアンダーソン流の即席の装飾が散りばめられている。ブリテンとアンダーソンは、こうした手作りの細工を好むセンスが共通している。この作曲家もまた、木製のスプーンで磁器のカップを叩いて雨粒の音を再現するなど、手づくりの楽器をためらうことなく加えている。

　「ノアの洪水」の劇は、アンダーソンが大切にしている子ども時代の思い出をよみがえらせるものでもある。アンダーソンは Fresh Air（ポッドキャスト）で回想する。「そうですね、ベンジャミン・ブリテンの作品にそう詳しくはないのですが、この劇のおかげで、特別な愛着を感じていました。とにかく、10歳か11歳のときに兄と一緒にこの劇に出演したんです。以来、この劇、オペラの聖歌なんかをずっと口ずさんできて、どうにか映画に取り入れたいと思っていました。でもいったいどうしたらいいのか、長い間わからなかったんです。ところがこの映画では早い段階で、ブリテンが必要なように思えてきて、それで「ノアの洪水」の楽曲だけでなく、彼の作品を丸ごと取り入れたわけです」。[1]「ノアの洪水」の上演が残した記憶を中心に、アンダーソンはサムとスージーの素晴らしい出会いを構想した。子ども時代を描いた素晴らしい映画をつくるにあたり、ウェス・アンダーソンは、必然的にベンジャミン・ブリテンの楽曲の懐かしい思い出に心を馳せた。彼の想像の世界では、私たち全員が12歳だった幼いころと、これらの曲が密接に結び付いている。🗝

1. Terry Gross, "Wes Anderson, Creating A Singular Kingdom," Fresh Air, 29 May 2012.

139

オーディオ機器
ウェス・アンダーソンのマシン、または未来へのノスタルジー

「機械の筐体は、無邪気な野次馬の好奇心を超えて、未知の、力強く壮大な世界に通じている。そしてその主役となる電子機器は定着し、日ごとに広まっていっている。列車の轟音から遠く離れたこの場所で、電子機器はとぎれとぎれに、かつ堂々とうなり声を響かせる。何トンもの鋼鉄と何千キロワットもの電力を、タビュレーターは、小さい光で静かにささやきながら指揮する。インジケーターランプが話すカラフルな言語を、技術者は目で見て解釈する。その情報に基づいて、指がボタンを押し、手がハンドルを回す……わずかな動きが複雑な動きを生み出し、巨大な質量を動かし、稲妻のような速さで情報を送る。奇妙な傑作、抽象的な記号の集積、電子機器による調和した書き込み、技術の正確さが、エンジニアの仕事がアーティストのそれに匹敵する、装飾のマニフェストを記す」。この魔法のような、詩のようなフレーズは、1969年に出版された書籍「Métro de Paris(パリのメトロ)」からの引用だ(すべての翻訳、複製、改変の権利を、ソビエト連邦を含むすべての国にににおいて留保している)。

ウェス・アンダーソンがこれらの言葉からインスピレーションを得て、トランシーバーのボタンを押したり、小型潜水艦のダッシュボードを叩くといったキャラクターのアクションを考えたであろうことは容易に想像できる。実際、アンダーソンの映画は、『ファンタスティックMr.FOX／Fantastic Mr. Fox』のリンゴ酒製造機から『犬ヶ島／Isle of Dogs』のハッカーコーナーのコンピューターまで、パチパチと音を立て、光を点滅する装置が大量に登場する。しかし、電子機器に対するこの傾向は、音楽に関して特に顕著だ。当然ながら、当空想博物館は、両方(空想と現実)のオーディオ機器の驚くべきコレクションを所蔵している。スージーの水色

の電池式 Barrington レコードプレーヤーから、Mr. フォックスの Walk-Sonic、ディープ・サーチの Sparkomatic カセットプレーヤーに至るまで、いずれも懐かしい機器ばかりだ。ウェス・アンダーソン作品のキャラクターは、これらの機器を使って自分で音楽を流したり止めたりして映画のサウンドトラックをコントロールするため、ダイエジェティックサウンド（物語世界の中で起きる音）とエクストラダイエジェティックサウンド（ナレーションやBGMなど、物語世界の外で起きる音）の境界は、曖昧になる。キャラクターに時代遅れの電子機器をこれほど多く持たせるには、ちゃんとした理由がある。デジタル音源、最先端技術、スマートフォンを避けるウェス・アンダーソンの決意も、演出への配慮から生じている。色とりどりのライト、回転式のボタン、各種スイッチの方が、私たちがよく見る画面より楽しいではないか（それがどんなに超高解像度でも）。とはいえ、デジタル化の試みもいくつかある。『ホテル・シュヴァリエ／Hotel Chevalier』と『ダージリン急行』では、ジャック・ホイットマンがiPodとスピーカーを手に、人生のサウンドトラックを慎重に選んでいる。ただし、iPodももはや新しいものではなく、2020年代には見かけなくなった。こうした例は、まだ珍しい。一方で、過去の品々はスクリーンにあふれている。レコード盤、プラスチック製のコード付き電話、電話ボックス、タイプライター、ファックス、テレックス、オシロスコープ、電池式のカセットプレーヤーや電子楽器、巨大で扱いにくいオーディオヘッドフォン、ディクタフォン、過ぎ去った時代の最後の電波を拾うラジオなど……挙げればきりがない。

アンダーソンは、このような時代遅れのテクノロジーを用いることについて尋ねられ、こう答えている。「『ムーンライズ・キングダム』には、アナログ機器を使う正当な理由があります。ご承知のとおり、映画の舞台は1965年です。過去の作品でも同じようなアナログ機器を使っていますが、それらすべてを正当化することはできません。ただ、ビープ音が鳴るだけ、あとはそう、カウンターの数値が増減するだけのものよりも、カメラを向けるなら、回転する機械の方が素敵だろうと思ったんです」。[1] 人類を奴隷化するテクノロジーや、冷たい画面、

---

1. Terry Gross, "Wes Anderson, Creating A Singular Kingdom," Fresh Air, 29 May 2012.

人間に代わって考えようと待機している退屈な機械とはほど遠い、アンダーソンの時代遅れのテクノロジーコレクションには、少し余分に魂が宿っているのかもしれない。"手ざわりを感じる質感"の映像を楽しむ監督にとって、音と音楽についてもやはり、しっくりくる表現を見つける必要があるのだ。テクノロジーの未来の姿を描き出し、それがもたらすあらゆる可能性（そしてリスク）を探求しようとする映画監督がいる一方で、アンダーソンは妥協することなく、過去と、その心地良いテクノロジーを慈しむ。

監督の唯一の防衛線は、自ら認めるこだわりの強さだ。インターネットと検索エンジンを使えば、未来のスピードで質問の答えを探すことができる。しかし、古びた回路基板の奥底から、かわいらしい小さいノイズを発するアナログの機械で同じことができるなら、それにかかる手間は問題ではない。カセットをセットしたり、ラジオのツマミを回したり、レコードプレーヤーのピックアップアームをそっと動か

して、レコード盤の滑らかな黒い面に慎重に針を置いたりするのが楽しいなら、手のひらに収まるタッチスクリーンからいとも簡単にプレイリストを起動できることに、大した意味はない。そう、アンダーソンは"美しい所作"に魅了された映画監督だ。彼の作品では、物はエレガンスにさらなるエレガンスを与えるために存在し、実用性よりも魅力が優先されなければならない。このアナログへの情熱には、私たちが子どものころに感じた"ちょっとした何か"が含まれている。再発見したものに対する喜びである。それはアナログ製品が醸し出すノスタルジーの力と、すべてのボタンを押す楽しさの両方だ。ウェス・アンダーソンの映画は、謎の電子部品によって動かされる、機械仕掛けのおもちゃのようだ。子どものころには、ネジをはずし、その仕組みを知ろうとした覚えがあるだろう。同じように、私たちは監督の映画を1つひとつ分析し、彼の世界を支配するアナログの秘密を明らかにしたいと願う。🗝

VII

秘密の部屋

秘密の部屋がないウェス・アンダーソンの世界展など、あるはずがない。その部屋の隅には、宝物が隠されているはずだ。アンダーソンの映画にも、ミステリー、秘密結社、計画、秘伝のレシピ、極秘の手紙、未解決の謎がたっぷり詰め込まれている。この小さい部屋は本来立ち入り禁止だが、今日は少しだけルールを曲げることにしよう。小さい裏口から、ひざをついて、かがんで入るように（頭をぶつけないように！）。人目に付かないように、照明は薄暗くしてある。目を凝らして、しっかりと見て欲しい。もし「悪魔は細部に宿る」の格言が本当なら、ウェス・アンダーソンもその部屋に隠れているかもしれない。部屋の中では何もできず、長居も許されない。ぐずぐずしていたら、とんでもない目にあうことになる。さて、それでは空想博物館の収蔵品から、とっておきの秘密を少しだけ、特別にお見せしよう。いいですね、部屋から出たら一切の他言は無用。これであなたも、秘密クラブの仲間入りだ。約束をお忘れなく。

秘密の計画
壮大なイリュージョン

走り書きのある黄ばんだ紙、注釈が付けられた地図、読みにくい文字で埋め尽くされたノート、見つかりそうにない物のリスト、ラミネート加工された分刻みの旅程表。ウェス・アンダーソンのキャラクターたちは、複雑な計画を組むことに、この上ない喜びを見出しているようだ。これらは空想博物館に収蔵され、詮索好きな人々の目から逃れるために秘密の部屋に置かれている。資料は未整理の状態であることを、寛容な来館者の皆さまにお詫びする。

完全にカオスかつ予想不可能な世界にいるアンダーソン作品の主人公たちは、ただひとつのゴールを目指して奮闘する。それは、現実を自分の思いどおりにすることだ。この"手に負えない戦略家たち"が主導権を握り、仲間たちに大きい影響を及ぼしていく。アンダーソンはいつでも、リーダーの冒険を念入りに語る。はみ出し者たちの小さいコミュニティでも、リーダーはリーダーだ。船長、父親、スカウト隊、犯罪グループ。こうした集団のリーダーたち全員が、先を読もうとするあまり、激しい思い込みにとらわれる。彼らの人生を支配しているカオスを、信じがたい計画によってコントロールしようと必死なのだ……しかし、その努力は無駄骨に終わる。やがて、事実を受け入れるべきときがくる。彼らの欲求は実現不可能で、コントロールしようとむやみにもがいても、大切なことが見えなくなるだけだと悟るのだ。

ウェス・アンダーソンの映画には、おかしな計画がいくつも登場する。観客は、それが失敗したり（ほとんど）、成功したり（たまに）するのを目にする。どちらにせよ、想定外の状況によって、彼らが頭の中で組み立てていた計算はひっくり返ってしまう。当然、彼らの戦略は極めて

複雑で、少しばかり余計なディテールがふんだんに盛り込まれている。これらはストーリーテリングの仕掛けとしても素晴らしい機能を果たす。ウェス・アンダーソンは彼らの計画を明かし、空想と現実がぶつかる瞬間を堪能するようにと、観客を誘うのだ。もちろん、主人公たちもその衝突の瞬間に立ち会う。

『天才マックスの世界／Rushmore』では、マックスは2つの野心をもっている。名門校を卒業することと、海洋生物に目がないクロス先生のハートを射止めることだ。そこでマックスは、学校の野球場に巨大な水族館を建築しようとする。本や書類を山ほど準備し、測量士や作業員も雇うが、計画は見事に失敗する。着工の式典に招待したクロス先生からは無視され、学校は退学に。『ファンタスティック Mr.FOX／The Fantastic Mr. Fox』では、計画のプロットにチャプターがひとつ割り当てられている。タイトルもそのまま「Mr. フォックスの計画」だ。隠れ家に潜むMr. フォックスは、フクロネズミにこう言い渡す。「［……］最後にこっそりと秘密の大仕事をやることにした。君には秘書兼助手になってもらう」。そして机にあたりの農場の地図を広げると、複雑な計画の要点、強力な睡眠薬、ボギスのビーグル犬に関する徹底的な情報(写真、診断書、警察への訴状付き)を説明する。むろんこれは、家族にふりかかる、無数の災難の前ぶれでしかない。

『ライフ・アクアティック／The Life Aquatic』では、海洋探検家兼ドキュメンタリー監督が、仇敵であるジャガーザメを仕留めること、ライバルを蹴落とすことの2つを目指して出航する。攻撃計画はドキュメンタリー映像の形式をとり(探検 第12話「ジャガーザメ」パート2)、スティーヴ・ズィスーはスライドショーで作戦の詳細を説明する。『フレンチ・ディスパッチ ザ・リバティ、カンザス・イヴニング・サン別冊／The French Dispatch of the Liberty, Kansas Evening Sun』では、署長が多面的な救出作戦を構想するが、それはネスカフィエ警部補が夕食として提供する料理に合わせて発表される。さらにフレンチ・ディスパッチの編集長は、実に丹念な注釈付き遺言書

を用意し、自分の死後について細部にわたる計画を立てる。『ムーンライズ・キングダム／Moonrise Kingdom』は、壮大な逃亡計画を軸に物語が進む。サムとスージーは持ち物リストをつくり、地図、テント、食料を準備するが、逃避行はあっさり失敗に終わる。世界の端っこにあるビーチへの逃避行が、とても小さい島でのできごとであることを、観客は知っている。親たちが少しだけ足を延ばして周辺を探せば、逃亡者たちは見つかるはずだ。この壮大な冒険は、せいぜい1日しかもたないだろう。しかし幸いにも、サムとスージーの無謀な試みに心を動かされたスカウト隊の子どもたちが、新聞紙、ノリ、3メートルの金網を使った完璧な計画で、2人を助けようとする。

ウェス・アンダーソンの5作目『ダージリン急行／The Darjeeling Limited』は、コントロールへの欲求が中心的な要素だ（強迫的とまでは言わないが）。それは特に、旅のリーダーであるフランシスを通して表現される。真のコントロールフリークであるフランシスは、さまざまな方法で自分の執着心を満たそうとする。日々の旅程を詳細に組み、レストランでは兄弟の分まで勝手に注文を選ぶうっとうしい癖を発揮し、何かあるたびに思い付きの協定を結ぼうとする。彼はいくつも計画を立てる。そのうちのひとつ救済の儀式は、幻想の崩壊というユーモラスな瞬間に変わる。精神世界に対する幻想に突き動かされ、真に生まれ変わろうと考えたフランシスは、インドへの旅を思い立った。その旅は自分だけでなく、それぞれに落ち込んで抜け出せないでいる、弟たちの救いにもなるはずだと考えたのだ。フランシスは、不思議な儀式の教本を手に入れる。どこで誰が見つけたのか、何をすべきかはよくわからない。弟たちは複雑な手順を覚えることなど最初から諦めていて、その魔法の羽根の儀式を自分勝手な方法で行おうとする。だが、期待したような精神的目覚めは得られず、フランシスには苦い後味が残る。3兄弟は旅の最後に母親に会いに行くが、再会したことでどうなるわけでもない。

ともあれ、策略好きのキャラクターの面々が並ぶ、その道をはじめに切り開いたのは、『アンソニーのハッピー・モーテル／Bottle Rocket』のディグナンだ。20分ですら暇を持て余すこの青年は、組織犯罪によって理想の生活を得ようと、50年先までの予定（短期、中期、長期、非常に長期）を立てる。はじめは、盗みの"練習"からだ。アンソニーとディグナンはつつましい郊外の家に空き巣に入るが、そこはアンソニーの両親の家だ（アンソニーが鍵を持っていたんだろう）。このシーンの直接的なインスピレーションとなっているのが、ウェス・アンダーソンとオーウェン・ウィルソンの面白い実話だ。2人はテキサス大学の学生だった。当時アンダーソンは脚本のクラスで芝居の準備をし、意気投合した2人は映画の話題で夜更けまで熱く語り合った。彼らが固い友情を結ぶのに時間はかからなかった。卒業後、一緒に暮らしはじめた2人は、あるとき大家に壊れた窓の修理を依頼した。大家が修理を拒むと、彼らは策を講じた。空き巣を偽装し、緊急に修理が必要だと納得させようとしたのだ。しかし大家の方が一枚上手で、私立探偵を雇って現場を調べさせた。このお粗末かつ最高の計画はディグナンに匹敵する。『アンソニーのハッピー・モーテル』は進行していく大惨事、

149

そして完全な無秩序をベースにしたコメディである。ストーリーは大物のヘンリー氏の指示のもと、最後の大強盗へと向かうものの、失敗することはわかり切っている。

ディグナンは常に固い意志を示し、行く手を阻むものすべてを圧倒する力がある。悲観的な友人アンソニーも例外ではない。映画の冒頭、ディグナンは茂みに身を潜め、病院から友を"脱走"させようとしている。アンソニーは入院している施設からいつでも出られるのだが、ディグナンのひたむきな熱意をくじかないように、シーツをつないだロープを使うことにする。ウェス・アンダーソンの作品に登場するリーダーはまるで磁石だ。停滞し、意気消沈しているキャラクターたちを引き付ける。マックスは、心底自己嫌悪に陥っている陰気なハーマン・ブルームを連れ出す。テネンバウム家は父親のひきょうな手にまんまと乗せられる。サムはスージーをリードし、それはやがてスカウト全隊員の反抗につながる。スティーヴ・ズィスーは忠実なクルーの一団を率いている。Mr. フォックスは常にマイペースのフクロネズミを引き込む。そしてホイットマン家では、兄弟の冒険を率いるフランシスが、弟たちのパスポートを取り上げる（フランシスが"親らしい"と信じている行動だ）。

地図、計画、持ち物リストを準備し、不測の事態を予想した結果、キャラクターたちは現実に直面し、コントロールというイリュージョン（幻想）が崩壊する。この学習プロセスはホイットマン家の例がわかりやすい。ラミネート加工された旅程にただ従うだけでは"心の旅"は始まらない。偶然や混乱といった、人生のランダムさ、不確かさに心を開くことが必要なのだ。少年の死という悲劇、闇に潜む人食いトラの脅威といった形をとり、カオスは否応なしに人生に入り込んでくる。映画の共同脚本家であるロマン・コッポラは、次のようにまとめている。「この映画では、とにかくキャラクターたちを列車に乗せたら、そのままカオスのただなかへと向かわせました。困難に立ち向かわせ、常に想定外のことが起こるようにしたのです」。[1] こうしたカオスの象徴として登場するキャラクターもいる。ジャガーザメは神秘的で、コントロール不能で、理不尽ともいえる自然の力だ。そして、この怪物を殺さずにおくと決めたスティーヴ・ズィスーはそこでようやく、カオスが人生を支配することを受け入れる。

ディグナンからマックス・フィッシャー、Mr. フォックスからスティーヴ・ズィスーと、アンダーソンの映画には、自分の力が世界に及ぼす影響などちっぽけなものだと身をもって学ぶキャラクターが勢ぞろいしている。皮肉な結論だが、作品はすべてのショットが職人技で、すべての被写体がオーダーメイドで、すべての構図が慎重に検討され、すべての色が調和して一体となり、偶然に任せているものはひとつもない。人生とはひどく筋の通らないもので、欲望がそのまま実現することなどないと、人は知る必要があるのだ。ところが映画の世界では、人は壮大なイリュージョンに心身ともに浸ることができる。そして最終的には、カオスを管理し、操ることができる。⚷

1.『ダージリン急行』プレス資料, Fox Searchlight Pictures, 2007.

ル・パナシュ
秘密の配合

　琥珀色の液体で満たされ、優雅なバルブアトマイザーが付いた、小さいスクエアボトル。ガラスには、謎めいた詩のような、約束のような響きの名前が記されている。"L'Air de Panache（レール・ド・パナシュ、華やかな雰囲気の意）"。このフレグランスこそ、グランド・ブダペスト・ホテルに隠された最大の秘密だろう。この施設を代表する人物、かの有名なムッシュ・グスタヴの象徴とも言える香りだ。彼はこれをたっぷりとふりかける。由緒あるホテルの廊下では、この唯一無二の香りが金の鍵を持つ男の到着を告げ、彼がその場を去った後もしばらくは漂っている。真のしゃれ者であるコンシェルジュは"男と香りは切り離せない"ことをよくわかっているのだ。ウェス・アンダーソンが映画のために創り出した、素晴らしい小道具のひとつル・パナ

シュ。この小瓶は、観客たちに強烈な印象と謎を残す。ムッシュ・グスタヴのオーラをすべて封入したようなこのフレグランスには、何が配合されているのか？　ル・パナシュに隠された秘密とは？

　ノーズ（調香師）として知られるマーク・バクストンは、繊細な香料を巧みに操る、いわば現代の錬金術師だ。イギリス生まれ、ドイツ育ち、現在はパリに居を構えるバクストンは、35年以上フレグランスに携わっている。自分の職業を"真の特権"だと考える彼は、『グランド・ブダペスト・ホテル／The Grand Budapest Hotel』が公開される少し前に連絡を受け、謎のフレグランス"ル・パナシュ"の開発を依頼された。コンシェルジュが向かう先々で、彼の到着を告げる

かのように広がるのはどんな香りだろう？ わずか数日の後、マーク・バクストンは片方の足を現実に、もう片方の足を想像の世界に置いて（ウェス・アンダーソンがいつもすること）、ル・パナシュを創りあげた。魔法の配合を考案したバクストンは、私たちに秘密の一部を公開すると同意してくれた。ほんの少しなのは、素晴らしいフレグランスは空気にさらすべきでないのと同じことで、謎が古びないようにという配慮である。

世界にただひとつのフレグランスをつくるために、マーク・バクストンに与えられた手がかりは、制作中の映画の予告トレーラーだけだった。これにひるむことなく、調香師はホテルの雰囲気、カラーパレット、美術、コスチューム、キャラクターにどっぷりと浸った。その後、古典的なテーマを構想し、フレグランスの偉大な伝統に、現代的でみだらなひねりを効かせて……数々の冒険ロマンスで知られる勇敢なコンシェルジュにぴったりだ。かすかにリンゴを感じる心地良いトップノート（キャラクターたちが追い求めた名画「少年と林檎」を思わせる）。続いて伝統的なミドルノート。ムッシュ・グスタヴはやはり、あらゆる伝統の守護者なのである。そしてさらに進むと、ついに、モダンでウッディな香りになる。ラストノートはアンバーで、動物のレザーがわずかに入った、とても官能的な香りだ。非常に手のかかるこのフレグランスは、すべてのノートがリッチで、濃厚な残り香が長く漂う。最後に、ル・パナシュは多くのフレグランスがそうであるように、ユニセックスである。マーク・バクストンは「このフレグランスに、性別の決まりはありません」と強く主張する。実にモダンではないか！

では、ル・パナシュに隠された大きな秘密とは？ これも、マーク・バクストンに語ってもらうほかはない。「ル・パナシュには秘密がないこと。それが秘密です。すべてはどう扱うか、それをどう考えるかなのです。一見したところ完璧に古典的でありながら、非常に現代的な脈絡に置かれたフレグランスです。実際に体験するまでは、まったく違う香りを想像するでしょう……しかし突然、まるで青リンゴのようなフレッシュで芳醇なトップノートが漂います。ノートが広がりながら変化していくうちに、伝統ともいえる香りを感じるはずです。そして、とても面白いことが起きます。レザーが広がり、動物を思わせるノートが香り立つ……完全に理解するには、その残り香をたどり、実際にその香りをまとう必要があります。ムッシュ・グスタヴがいた部屋に入ると、すぐに「彼がここにいたのだ」とわかります。わかるんです。部屋に彼の存在を感じますから。それがすべてだと思います。ほかに秘密はありません」[1]

---

1. 本書のために行った、マーク・バクストンへのインタビューより抜粋

VIII
映写室

控えめに言って、小さい映画館だ。スクリーンの前にオレンジ色のベルベットのアームチェアーが並ぶほかは何もないこの小さい部屋は、すでに闇に包まれている。正面のドアに掲げられた上映スケジュールには、多岐にわたるジャンルから、予想外の作品が並んでいたことだろう。あなたは今、聖なる場所、ウェス・アンダーソンの映画の神殿に足を踏み入れようとしている。この小さな映画ライブラリーでは毎週、厳選された映画を上映している。インド映画が2本、超ハイテンションのカートゥーン作品が数本上映されると聞いても驚かないでいただきたい。ウェス・アンダーソンの映画は、フランスのヌーヴェルヴァーグ運動から、アメリカンニューシネマの革新的な若手監督たち、アメリカ映画の偉大な古典から、一握りの人以外の記憶に残っていなかったり、一般には知られていない無名の映画まで、多方面から多大な影響を受けている。どの映画にも参照が散りばめられ、それはまるで壮大な宝探しへと誘う手掛かりのようだ。先人たちがたどった足跡をたどるかどうかは、皆さんにお任せしよう。本日は、そうした映画のなかから厳選した作品を紹介する。心に残る作品があるはずだ。ウェス・アンダーソンの名作映画ミニツアーへようこそ。ゆっくりおくつろぎください。まもなく上映が始まります。

NOTE

ポップコーン付きチケット
（塩味、甘味、バター味、または3種すべて）を
お持ちの方は、左手にある売店の
販売員にお申し出ください。

サタジット・レイ監督 「チャルラータ」
近くも遠くも

　美しい家に住まうチャルラータは退屈をもて余し、窓からオペラグラス越しに世界を探検する。日が差し込むルーバーシャッターの陰で、外の喧騒を眺めるのだ。慌ただしく仕事をこなす男たち、人々の日々の営み。彼女はただ見ているだけ。家の中でも、仕事に没頭するあまり彼女に目もくれない夫を観察している。彼女が世界を見渡すこの双眼鏡は、サタジット・レイの映画で最も美しい象徴のひとつだろう。これをよく知っているウェス・アンダーソンは、『ムーンライズ・キングダム/Moonrise Kingdom』でこの素敵なアクセサリーをチャルラータから借り、幼いスージーの首に掛けた。双眼鏡を使ってフレームの中にフレームを作り、チャルラータもスージーも、安全な距離をとって世界を観察する。「物が近くに見えるからよ。遠くない物でも。魔法の力のふり」とスージーは打ち明ける。チャルラータの双眼鏡は、まさしく映画がもつ力の暗喩(メタファー)だ。見えないものを見えるように、遠くのものを近くに見せてくれる魔法の力。双眼鏡はサタジット・レイの作品の反映であり、世界に通じる窓だ。

　サタジット・レイは、1つの国、1つの言語、1つの文化（つまり彼が生まれた地、ベンガルの文化）の人だ。エヴァ・マルコヴィッツの言葉を借りれば、彼は「ずばぬけて優秀なベンガル人映画監督」だ。[1] レイは、ベンガル文学界の重鎮である詩人スクマール・レイの息子として1921年にカルカッタ市で生まれ、19世紀の進歩的な芸術的・知的運動ベンガル・ルネッサンスの後継者として育った。1943年、カルカッタに拠点を

---

1. Eva Markovits, "Satyajit Ray était un artiste protéiforme," Les Nuits de France Culture, 2 May 2021.

置くイギリスの広告代理店でレイアウトアーティストになり、その後、地元の出版社に勤務。シグネット・プレスで、この文学愛好家はイラストレーター、グラフィックデザイナーとして才能を存分に発揮し、抽象的で色彩豊かな素晴らしいブックカバーをいくつも制作した。映画監督になる前からシネフィル（熱狂的な映画ファン）だったサタジット・レイは、愛する映画にもっと浸ろうと、1947年にカルカッタ映画協会を設立した。カルカッタ映画協会は、イタリアのネオレアリズモ（新現実主義）作品からジャン・ルノワールの映画まで、多くの西洋映画を上映した。そしてこの年、サタジット・レイはそのフランス人監督と出会う。ルノワールが「河」の撮影準備をしていたとき、サタジット・レイがガンジス川のほとりのロケハンをガイドしたのだ（ウェス・アンダーソンは「河」が『ダージリン急行／The Darjeeling Limited』に影響を与えたと公言している）。映画監督を目指すレイは、ルノワールに自身のプロジェクトについて話した。ベンガルの小さい村に住むオプーの子ども時代を描いた、ベンガル文学の名作「大地のうた」を映画化したいと。

ルノワールも背中を押してくれたが、映画の道に進む決め手となったのは1950年にロンドンを訪れた際、ヴィットリオ・デ・シーカの「自転車泥棒」を観たことだった。1955年、3年にわたる過酷な撮影の末に、「オプー3部作」（「大地のうた」「大河のうた」「大樹のうた」）の1作目である「大地のうた」が公開された。この作品は世界中の批評家の注目を集め、1956年にカンヌ国際映画祭で最優秀ヒューマンドキュメント賞、翌年のヴェネツィア国際映画祭で金獅子賞を受賞するなど、名だたる賞を総なめにした。

豪華絢爛のボリウッド作品とは程遠いサタジット・レイのデビュー作は、深いヒューマニズムに満ちた叙情的な作品だ。エヴァ・マルコヴィッツはこう説明する。「彼のプロジェクトは、スタジオを離れ、プロではない俳優を使ってインドの片田舎を撮影し、人々の日常生活の物語を伝えるものだった」。[2] ミュージカルメロドラマばかりのボンベイのヒンディー映画界に背を向け、レイは、繊細かつ地に足の付いた視点でインドの別の一面を描き出し、世界から

2. 同前。

絶賛された。監督した36本の映画では、犯罪スリラーから子ども向けの作品まで、幅広いジャンルに挑戦した。たとえ観客層を大きく狭めるとしても、ベンガルと、母語であるベンガル語（少数言語だが）に背を向けることはなかった（1977年の「チェスをする人」は例外）。多才で多面的な芸術家であるレイは、監督としてだけでなく、作家、作曲家、イラストレーター、編集者など、さまざまな分野で活躍した。脚本からポスターデザイン、水彩のストーリーボードから映画撮影、さらにはカリグラフィーや映画音楽の多くを作曲するなど、豊かな才能を映画に注ぎ込んだ。

1964年、サタジット・レイは自身の最高傑作と呼ぶ「チャルラータ」で、19世紀末のカルカッタ（当時、イギリス政府の拠点であった）の女性の肖像を描いた。チャルラータは、活力と気力にあふれた若い女性。家の中でおとなしくしている生活には向いていない。陽気な客人が妻の退屈や寂しさを紛れさせてくれるのではないかと、夫のブプティは、従弟のアマルを家に招く。成功を夢見る素人作家、アマルのおかげで、チャルラータの家には明るさがもたらされた。文学と詩への愛によって意気投合した"チャル"とアマルは、心を通い合わせ、互いの執筆を励まし合う。この協力的な関係はやがて静かなロマンスへと発展するが、どちらもそれを認めようとしない。そうして、2人の書く文章は複雑な戦場となり、キャラクターたちの不満、喜び、秘められた欲望を結晶化させる。この禁断の恋は言葉やしぐさでは、一切示されない。サタジット・レイは、この恋愛感情の芽生えを、映画の力を使って描き出す。効果や動きを抑えた演出により、すべてのズーム、すべてのクローズアップが突如として意味を帯びてくる。レイはキャラクターの顔をつぶさに見せ、感情や悩み、良心や罪悪感、嫉妬がもたらす突然の暗い表情などを観察するよう促す。この澄んだラブストーリーの輪郭は、言葉や手ではなく、顔が描き出す。チャルラータの双眼鏡までが、彼女の欲望を表す道具になる。庭に横たわるアマルをそっと観察する様子は、彼女が自分で気付くずっと前から、若い女性の恋の芽生えを予感させる。

サタジット・レイのカメラは常にヒロインの側にあり、美しいビクトリア朝の邸宅の敷居をまたぐのも稀なほどだ。にもかかわらず、レイがインドの堅実な語り部であることに変わりはない。閉ざされたドアの向こうで、ベンガル・ルネッサンスの肖像を描き、その理想を伝える。この映画は、ベンガル・ルネッサンスに欠かせない人物、作家で芸術家のラビンドラナート・タゴールによる短編小説「壊れた巣」が原作だ。それ以前の1961年には、タゴールのドキュメンタリーも制作している。スクリーン上で直接的には描かれてはいないが、人間の情熱を描い

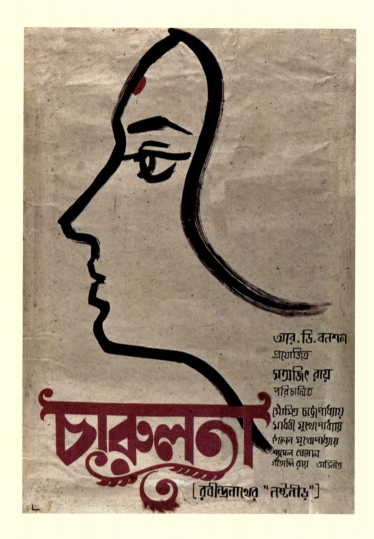

サタジット・レイの作品は、世界中の多くの映画ファンや映画監督に、深く、消えない足跡を残す。ウェス・アンダーソンは『ダージリン急行』で、レイに心からの敬意を表している。同作では、監督の守護神であるレイの影がそこかしこに感じられる。このインドの旅は、サタジット・レイ、ジャン・ルノワール、ルイ・マル（ドキュメンタリーシリーズ「インド幻想」を通して）などの映画監督に影響を受けており、アンダーソンは巨匠の作品をたびたび引用している。「大地のうた」を思い起こさせる村のシーン、「主人公／ナヤック」を彷彿とさせる列車の旅、そして音楽だ。『ダージリン急行』には、レイ作品などからレイの曲がほぼ半ダース引用され、散りばめられている。事実、アンダーソンはこの音源の収集に力を注いだ。「本当に、これらの曲はCDが存在しなかったんです。そのため、まずサタジット・レイのご家族と財団に挨拶し、彼のマスターテープはすべてデジタル化する価値があると説得しなければなりませんでした。あれはちょっと大変でしたね。［……］結局、カルカッタで5日間、テープの引き渡しを待ちました。でも、人生における素晴らしい経験のひとつでしたよ。これまでに使用したなかで最もユニークな音楽です」[3]と監督は回想する。ちなみにアンダーソンは、帰りの列車のホイットマン兄弟のキャビンにサタジット・レイの肖像画を飾るオチまでつけている。

たこの親密な物語には、ベンガルの社会的な関心事が織り込まれている。イギリス統治下のインドを舞台にした「チャルラータ」は、ブポティとアマルによって体現される政治と詩という両極を結ぶために不可欠な調和を探る。この価値観の衝突の中心で、ヒロインは否応なしに自分の道を探すことになる。レイは「チャルラータ」で、自らの運命を選ぶことが難しい、インド人女性に再び焦点を当てた。彼の映画に欠かせない人物像のひとつだ。既成の社会秩序と衝突する独立心旺盛な女性たちのひとり、チャルラータ（マドビ・ムカージの大きい黒い瞳が、喜び、誇り、怒りを美しく表現する）は、刷新の必要性を強く訴えかける。

今日、映画界の偉大な巨匠のひとりとして称えられるサタジット・レイは、世界的な視点で繊細な作品をいくつも生み出し、その作品はベンガルへの深い愛着を示し続ける。世界中の観客にとって、サタジット・レイのカメラはスージーの双眼鏡と同じように、近くも遠くも、見えないものを見えるようにする力を持っている。この偉大なヒューマニストのファンのひとりに、日本の映画監督、黒澤明がいる。彼は次のように書いている。「サタジット・レイの映画を観たことがないとは、太陽や月を見たことがないに等しい」

3.Blaine McEvoy, "7 Perfectly-Scored Wes Anderson Scenes," Rolling Stone, March 2014.

ハル・アシュビー監督
「ハロルドとモード／少年は虹を渡る」
阻まれた恋

ハロルドは20歳そこそこの若者で、莫大な富と、それに匹敵する病的なまでの強い衝動を抱えている。一方モードは79歳と少しだが、年齢を重ねても無限の情熱は衰えず、生命力にあふれた若々しい女性だ。前者は大げさな狂言自殺を演じ、後者はぼろぼろの鉄道車両で気まぐれなボヘミアン生活を送っている。不屈のモードと救いようのないハロルドが出会ったとき、不条理で詩的なラブストーリーが始まる。バッド・コートとルース・ゴードン演じる主人公たちは見事に不釣り合いで、一見無害なロマンスに息せき切って飛び込んでいく。だが、2人のロマンスには常に死がつきまとう。ハロルドにとっては疑似自殺の形、モードにとっては皮膚に刻まれた強制移送者の番号に潜む記憶の形で。そしてモードは、生きるべきときと死ぬべきときがあるなら、そのどちらの日も逃すまいと決意している。

ハル・アシュビー作品のなかでも「ハロルドとモード／少年は虹を渡る」は特筆すべき作品で、不服従と、規範や慣習の拒絶への力強い賛歌であり、無秩序を受け入れ、思い切り自由に生きる人生への誘いだ。キャット・スティーブンスが

作曲、演奏する陽気なサウンドトラックにのせて、「If You Want to Sing Out, Sing Out（歌いたければ歌えばいい）」の歌を、心からの喜びの賛歌に仕立て上げている。ハロルドとモードは、私たち映画ファンに強烈な印象を残すカップルだ。ウェス・アンダーソンも例外ではなく、彼の好きな監督のなかでもハル・アシュビーは殿堂入りなのだ。「映画づくりは複雑で、実際うまくいくのは奇跡のようなものです。ハル・アシュビー監督は、素晴らしい映画を立て続けに6本取りました。これは前代未聞です。［……］彼の映画は、一見の価値があるなんてものではありません。私にとっては、史上最高の映画です」[1] とウェス・アンダーソンは話す。いずれにせよ、この2人の監督は、あらゆる種類の落ちこぼれやアウトサイダーに対する心からの愛情、不条理に近いコメディのセンス、悲劇と喜劇を織り交ぜる能力という点で共通している。1971年に公開された「ハロルドとモード」の影響は、1998年公開の『天才マックスの世界／Rushmore』はもとより、その先まで及んでいくのだろうか？

ウェス・アンダーソンの作品は、ハル・アシュビーの映画から"偽りの明るさ"を受け継いでおり、ときとして繊細な描写が主題の闇を隠す。また『天才マックスの世界』では、キャット・スティーブンスのフォーク調の曲もたびたび登場する。また、子どもと大人が鏡合わせのように入れ替わった、ハロルドの内気な性格とモードの茶目っ気のある態度は、その後のアンダーソンらしいキャラクターの下地を作ったと言えるだろう。『天才マックスの世界』から『ザ・ロイヤル・テネンバウムズ／The Royal Tenenbaums』に至るまで、ウェス・アンダーソンが描くほろ苦い世界では、子どもたちはすぐさま大人顔負けの真剣さで世界と向き合うが、大人たちは人生の夕暮れどきになって軽やかに生きようとする。アンダーソンにとって、「ハロルドとモード」同様、人生は真剣に受け止めるにはあまりにも重すぎる。⚷

1. Jennifer Wachtell, "The Director's Director," Good, 20 June 2008.

オーソン・ウェルズ監督
「偉大なるアンバーソン家の人々」
栄光はかくもはかない

1873年、中部の静かな小さい町で、アンバーソン一族は最盛期を迎える。その豪華な邸宅は賑やかな社交生活の舞台となっていた。ユージン・モーガンは、裕福なアンバーソン少佐の娘イザベルに求婚している。しかし、互いに好意を抱いているにも関わらず、イザベルは別の男性と結婚する。愛情のない結婚から生まれた息子のジョージに、イザベルは無条件の愛を注ぐ。しかし、イザベルの母親らしい献身と家柄による特権は、ジョージをうぬぼれの強い傲慢な少年に育てていく。20年後、ユージンは発明（自動車）の成功に支えられ、中部の町に戻ってくる。彼はクルマが世界の様相を永遠に変えるだろうと予測していた。ユージンの娘ルーシーが横暴なジョージに魅了され、一方でユージンは未亡人となったイザベルの心を取り戻そうとする。2人の再会を面白く思わないジョージは、その愛に全力で反対し、母親の求婚者をひたすら軽蔑する。名門アンバーソン家の衰退はすでに始まっており、一族が勢力を誇っていた小さい町は次第に大きく、暗くて陰気な、正真正銘の都市へと変貌していく。プライドのせいで正しい判断ができないジョージは、アンバーソン家の輝きはもはや幻想に過ぎないという事実を認められない。

「変わらずに生き残るには、自ら変わらなければならない」。ヴィスコンティの「山猫」で、シチリアの貴族がゆっくりと衰退していく様子を目の当たりにし、タンクレディはこう警告する。世紀の変わり目に、アンバーソン家が破滅の危機に瀕する一方で、モーガン家は新興の自

動車産業で巨万の富を築いていた。邸宅の高い窓の下を、煙と騒音を上げて走るクルマは、新しい世界秩序の到来の象徴だった。近代化の旋風は行く手にあるものすべてを一掃する。アンバーソン一家は自分たちの特権を確信するあまり、周りのすべてが変わり、消えつつあることに気付かず、取り残された。ユージンはジョージの言葉に対して、ゆっくりと考えを巡らせる。これ（クルマ）は人類のための進歩なのか？ それとも文明の衰退の現れの予兆なのか？ ときが経ってみなければわからない。この野心的な家族群像の後ろで、ウェルズが掌中に収めているのは、消えつつある世界の運命と、虚栄心とプライドに駆られ、流れに逆らって泳げるほど自分は強いと信じる男たちの運命である。

1942年に公開された「偉大なるアンバーソン家の人々」は、改変やカット、スタジオが追加したハッピーエンドなど、白熱した議論の種にこと欠かない、呪われた映画のひとつだ。「市民ケーン」の直後に撮影されたこの長編映画は、RKOによって徹底的に改変された。オーソン・ウェルズの不在に乗じて作品を編集し、監督には大いに意味のあった40分をカットしたのだ。悲劇的な結末が重苦しいと考えたスタジオは、急遽別のエンディングの撮影を命じ、その過程は監督の意向に反するものだった。作品を奪われたウェルズだが、このできごとは、その先に長く続く数々の失望の序章に過ぎなかった。最終的に彼は、スタジオの鼻つまみ者になった。しかし、彼のこの2作目の映画は、ストーリーが改変され、意に沿わない結末が加えられたにも関わらず、記念碑的な作品として名を残し、多くの映画制作者に影響を与えている。ウェス・アンダーソンもそのひとりで、テネンバウム家の運命はアンバーソン家の運命と密接にリンクしいる。

テネンバウム家の物語もまた、衰退した名門一族の、栄光と終焉の物語だ。『ザ・ロイヤル・テ

165

ネンバウムズ』というタイトルも、「ザ・マグニフィセント・アンバーソンズ」(「偉大なるアンバーソン家の人々」の原題)と響きが少し似ている。アンダーソンはいきなり冒頭からウェルズの幽霊を呼び出す。テネンバウム家の面々を、偉大な演劇の伝統にのっとったキャラクター紹介形式で見せる手法は、「市民ケーン」を思わせる。ロイヤル・テネンバウムが子どもたちを呼び集める巨大なテーブルは、キャラクターの心の距離を物理的な距離に置き換えて表現しているが、これも「市民ケーン」のアイデアを借りたものだ。しかし、「市民ケーン」が物語の枠組みからの完全な脱構築を提唱したのに対し、ウェス・アンダーソンは「偉大なるアンバーソン家の人々」から、物語の構造(20年間の省略も含む)と、ウェルズ自身が声をあてた全知の語り手という文学的手法を借用している。このやや辛辣な語り手は、忘却の運命にある世界を年代順に記録する。なお『ザ・ロイヤル・テネンバウムズ』では、アレック・ボールドウィン(おそらく監督の分身)が小説風のナレーションを担当している。

アンバーソン家の巨大な屋敷とテネンバウム家の邸宅とでは比べものにならないが、塔や立派な階段など、似ているところも多い。これらの明らかな類似点について、ウェス・アンダーソンはこう述べている。「まあ、(それは)ラッキーな偶然ですが、おそらく私の頭にあったからでしょう。『ザ・ロイヤル・テネンバウムズ』は、何よりも「偉大なるアンバーソン家の人々」がインスピレーションであることに間違いありません。[……]そして歩いていくと、アンバーソン家とそっくりの家が見えた気がしました。それで、「ここだ」と思ったんです」[1]。ウェス・アンダーソンはあえて実在の家で撮影しているが、凄腕のマジシャンであったオーソン・ウェルズは(事実、手品が得意だった)、アンバーソン邸も彼の数あるマジックのひとつとして披露した。ウェルズは、ファサードの一部だけをいくつも建設し、それらを組み合わせて絵画のような錯覚を引き起こした。代わりに、邸宅の内装に大部分の関心と予算を費やした。支柱がたくさん付いた巨大な階段やアーチが遠くまで連なり、それがさらに大きい部屋へと通じる異

---

[1]. Matt Zoller Seitz, The Wes Anderson Collection, Abrams, 2013.

例のセットだ。それを、すべてをくっきりと映し出す、パンフォーカスで撮影した。ウェルズは、床から天井まで本物の家のように建てられ、すべての部屋がつながっているように見える、素晴らしいシーンを構想した。その壮大なシーンは、カメラが家の端から端まで横断しながら撮影していく見事な舞踏会シーンだ。影響力をめぐる駆け引きや、キャラクターの感情を複雑かつ完璧なカメラワークで映し出した。本人もこのシーンを、自身のキャリアにおける傑作のひとつと評している。ウェス・アンダーソンいわく、「彼はあまり繊細な方ではありません。大きい効果や非常にドラマチックなカメラの動き、劇的な手法を好みます。私はそれが大好きなんです！」アンダーソンはこの巨匠から、長く直線的なトラッキングショットの好み（できれば複雑なセットと、広角レンズ）を受け継いだ。また、カメラの影に隠れがちな監督の存在感を常に浮き彫りにする、左右対称で大胆なショットにある種の親しみを感じてもいる。

ウェス・アンダーソンは『ザ・ロイヤル・テネンバウムズ』で壮大な家族の群像を描く。「偉大なるアンバーソン家の人々」の影響が直接あらわれた第1幕だ。しかし、オーソン・ウェルズの映画全編に漂う幻滅感、忘却の淵に陥りかけた古い世界の憂鬱は、『グランド・ブダペスト・ホテル／The Grand Budapest Hotel』にも大きく通じる。そこでは、過去の栄華はすでに遠い記憶となっている。「偉大なるアンバーソン家の人々」で、過去という廃墟で生きる危険をよくわかっているユージン・モーガンは、「昔などない、過ぎた時間は取り戻せない、あるのは未来だ」と警告する。ウェス・アンダーソンの映画には常に、このノスタルジックな感覚があり、永遠だと思っていたものの"はかなさ"を感じさせる。グランド・ブダペストの高い壁でさえ、残酷な時の流れからムッシュ・グスタヴの世界を守れない。「sic transit gloria（栄光はかくもはかない）」。『天才マックスの世界』でマックス・フィッシャーが唱えた、アンダーソンのモットーであり、アンバーソン家が誇る屋敷の正面に彫るのにぴったりの一文である。🗝

167

ジャック・ベッケル監督「穴」
アンダーソンにつながる秘密の通路

1960年。ジョゼ・ジョヴァンニの小説を基にしたジャック・ベッケルの新作映画「穴」がフランスの映画館で公開されると、批評家からは称賛の声が相次いだ。フランソワ・トリュフォーはジャック・ベッケルを真の"作家"と呼び、無条件に支持した。事実、「ヌーヴェルヴァーグ」(フレンチニューウェーブ)のスター監督は、フランスの俳優フェルナンデルのための壮大な映画「アラブの盗賊」の公開を機に、"作家の政治性"という言葉を作り出し、依頼を受けて制作した同作にも"ラ・パット・ベッケル"[1]（ベッケルタッチ）が認められる。ところが、こうした異例の支持にも関わらず、「穴」は全国の劇場で大失敗に終わり、フランスの観客はこの監督の最新作を敬遠した。だが、ジャック・ベッケルは動じなかった。それもそのはず、撮影中続いた極限状態に疲れ果て、編集を終えてわずか数週間後、映画の公開前に亡くなったのだ。1960年2月21日、ついに彼の戦いが終わる。ベッケルが傑作を発表することは二度となかった。

ラ・サンテ刑務所の独房では、5人の囚人が自由を取り戻そうと壮大な計画を練っている。ジャック・ベッケルの遺作「穴」は、脱獄、友情、人間性、そして弱さについての物語だ。その紛れもない物語性と映像の素晴らしさはともかく、ウェス・アンダーソンが、なぜこの作品にここまで強く惹かれるのか、不思議に思う人もいるだろう。『フレンチ・ディスパッチ ザ・リバティ、カンザス・イヴニング・サン別冊／The French Dispatch of the Liberty, Kansas Evening Sun』の撮影現場で、この映画を選んでチームに推奨するほどだ。視覚的には、「穴」はいろいろな意味でウェス・アンダーソンの映画と正反対だ。夏の砂漠のようにむき出しで乾燥し、音楽もなく、自然主義の最も生々しい表現に傾いている。

1. François Truffaut, "Ali Baba et la 'politique des auteurs'," Cahiers du Cinéma, February 1955.

余計な飾りはなく、単刀直入に核心を突く。これは、監督から彼の映画ファミリーへの友情のしるしであり、チームのほとんどの人が見過ごしていそうなこの傑作を共有したい、という願望と衝動ともみなせる。

ベッケルの映画が、アンダーソン作品に影響を与えていることは否定できない。そして、その影響を知るには『グランド・ブダペスト・ホテル』までさかのぼらなくてはならない。まず、看守のひとりが、外界から囚人たちに送られてきた小包の中身をすべて切り刻み、内容を調べるシーンがある。看守たちが探しているのは弓のこ、カッターナイフ、鋭利な刃物など。要するに、札付きの犯罪者や荒くれ者が住む刑務所には持ち込み厳禁の代物だ。ジャック・ベッケルの名作映画にも同じようなシーンがあるが、そこではたとえメンドルの菓子でも、看守の心を動かして執念深い手を止めることなどできない。どんな小包も、彼の厳重な警戒から逃れられないのだ。制服姿の男は削岩機のように精密に、明らかに悪意を持って、外界から持ち込まれた貴重な食品を破壊して楽しんでいる。その様子を、俳優マルク・ミシェルが落胆の表情で見つめる。さらにこのシーンは、看守の動作を描写し、見せ、リアルタイムですべて正確に繰り返し撮影しなくてはならなかった。これこそ、ジャック・ベッケルの映画の準ドキュメンタリー的な側面だ。

このフランス人監督の作品を象徴するもうひとつのシーンに、テキサス出身の監督が目を向けたことは間違いない。囚人たちは1人ずつ独房の床を激しく叩き、壊し、掘り、石を1つひとつ取り除きながら慎重に穴をあけていく。そしておそらく、ベッケルとウェス・アンダーソンの個々の共通点を超えた、真のつながりがここにある。映画制作も同じように、毎日ていねいに削っては作る作業を繰り返し、ゼロから何かをつくり上げることなのだ。このアメリカ人監督の細部へのこだわり、ほとんど強迫的なまでの精密さ、段ボール製のセット、模型、人形（人間であろうとなかろうと）……つまり、ウェス・アンダーソンと彼のチームが職人のように手作業のものづくりを得意としているのは、周知の事実だ。ベッケルのキャラクターたちは、映画を通して、脱出できるまで職人のように穴を掘らなければならない。囚人たちが歯ブラシと鏡の破片で小さい潜望鏡を作るシーンから、鉄の棒が硬い床を打つときの耳をつんざくような音が繰り返されるシーンまで、ジャック・ベッケルがこの逃亡劇の動作を1つひとつ精査したおかげで、観客もまた、主人公たちと同じ疲労感を味わう。

フランスおよびフランス映画への愛を超え、アンダーソンは、ベッケルの作品にひたむきな仕事を見ている。自身と同じく、強盗、殺し屋、地味な配管工など、誰であれ、すべての"専門家"に熱い敬意を表す、もうひとりの映画監督。おそらくアンダーソンは、この映画の公開時にジャン＝ピエール・メルヴィルが述べたことをずっと感じ続けるだろう。「この傑作の素晴らしさを列挙するのに、いったい何ページかかるだろう。この映画は、私が考えるに……慎重に言葉を選んでも、史上最高のフランス映画だ」。[2] まさしくそのとおり。

---

2. Jean-Pierre Melville, "Le plus grand film français," Cahiers du Cinéma, May 1960.

マイク・ニコルズ監督「卒業」
走り方を学ぶ

表情を曇らせ、空港の動く歩道で機械的な動きに身を委ねるベンジャミン。その"静止した走り"をカメラが追う。通り過ぎていく壁と、急ぐ旅行者の列によって、この"動かない動き"が見える。「卒業」の冒頭では、動いている世界で唯一動いていない主人公が、自分で選んだわけではない軌道に沿って流されていく姿を映

し出す。バックに流れるのは、サイモン＆ガーファンクルの「サウンド・オブ・サイレンス」を収録した、熱狂的な人気を博したサウンドトラックだ。

1967年に劇場公開されたマイク・ニコルズの「卒業」は、若きベンジャミン・ブラドックの旅（むしろ放浪）を描いた、ダスティン・ホフマンの初主演作品だ。名門ビジネススクールを卒業した

ばかりのベンジャミンは、大人への飛躍を前に少しだけ落ち着いた日々を楽しもうと実家に戻る。しかし彼は、自分の将来にあまり魅力を感じていない。ロサンゼルスの裕福な郊外で、ブラドック夫妻は、隣人や友人たちを招いてベンジャミンのためにささやかな祝賀会を開く（ベンジャミンは「プラスチックが有望だ」とアドバイスされた

りする）。人生にさまよい無気力なベンジャミンは、彼に心を寄せる人妻ミセス・ロビンソンとの情事にふける。しかし、青年がロビンソン夫妻の娘エレインと恋に落ちたとき、すべてが崩れる。重荷や疑念、反抗や激しい憂鬱。大人への道を描いた美しい映画「卒業」は、ウェス・アンダーソン作品にさまざまな形で影響を与えている。特に『天才マックスの世界』では、視覚的および主題的モチーフがいくつも取り入れ

られている。主人公マックスをベンジャミン・ブラドックの後継者に仕立て、「卒業」に愛情と敬意を表しているのだ。

青春コメディ『天才マックスの世界』では、成績がふるわず、居場所が定まらないマックス・フィッシャーが年上の女性に魅了される。マイク・ニコルズの映画では、エレインの登場によって三角関係ができあがる。対して『天才マックスの世界』では、ハーマン・ブルームという思いも寄らない第三者（マックスの助言者であり友人で、家庭人として行き詰まっている）が登場する。このブルーム（経営する鉄鋼会社が繁盛し、プール付きの快適な家

フォーマンスと物質主義への執着に取りつかれた世界としてアメリカ社会が描かれる。一方『天才マックスの世界』では、家柄と社会決定論の関係だけでなく、失敗へのパニック的な恐怖や、根深い将来への不安も探りながら、アメリカの小さい社会の活気ある姿も描いている。

「卒業」のプール同様、『天才マックスの世界』には水族館とプールがたびたび登場する。このオマージュはさほど意外ではない。『天才マックスの世界』と「卒業」の主人公がときに陥る無気力な状態を端的に表現するのに、水ほど適したものはないからだ。ベンジャミン・ブラ

に住む冴えない中年男）に、「卒業」のベンジャミン・ブラドックが心から恐れていた"より高級で裕福な"未来を垣間見ずにはいられない。ハーマン・ブルームはまさに、動く歩道の先で若い卒業生を待つ人生を体現している。私立学校、郊外の高級住宅街、プールサイド（成功の象徴）で一杯やって祝う理念のない仕事での成功。カウンターカルチャーの予兆とみなされる、このマイク・ニコルズの映画では、柔軟性のない、パ

ドックは逃げ場を求めてプールに飛び込む。肩の力を抜いて、手足は鉛のように重く、水の穏やかな動きに身を任せ、外の世界や雑音を遮断して、太陽の下、あてもなく漂う。しかし、父親はご立腹だ。「ベン、お前はいったい何をしてるんだ？」と父親が問う。「漂っているだけだよ……プールで」。ベンジャミンは穏やかに答える。ちょうど映画の冒頭で、空港の動く歩道の緩やかな動きに身を任せていたように、水の

流れに気持ちよく身を委ね、ゆっくりと水の底へ沈んだり、静かに水面に浮かんでいるのだ。1つの憂鬱から、また別の憂鬱へ。ビル・マーレイ演じるハーマン・ブルームが自ら開いたプールパーティーから逃げ出そうとしたとき、2つの憂鬱のつながりがはっきり見えてくる。彼は塩素で消毒された水に飛び込み、プールの底に沈んで体を丸める。「The Wes Anderson Collection（ウェス・アンダーソン・コレクション）」の著者マット・ゾラー・サイツによれば、これも「卒業」の影響だとのこと。プールサイドで若い恋人と大胆にいちゃつくブルーム夫人。それを見せつけられた夫の心象を描いたシーンだ。このシーンの展開に合わせて流れるキンクスの曲「Nothin' in the World Can Stop Me From Worryin' 'Bout That Girl」は、サイモン＆ガーファンクルの音楽の物憂げな響きに通じ、「サウンド・オブ・サイレンス」や「4月になれば彼女は」のサウンドに合わせてベンジャミンの憂鬱を描いたモンタージュシークエンスを想起させる。タイル張りのプールであれ、キャラクターたちが延々と見つめる水槽であれ、水は周囲のすべてを飲み込む、沈んだ憂鬱の暗喩である。

しかし、マックス・フィッシャーはベンジャミンと同じタイプではない。実存的空虚の危険に対抗するため、たとえそれが自身の存在を演出することを意味するとしても、空想的な人生を心から受け入れ、その空想劇において医者の息子、演劇人、優秀な学生、あるいは魅惑的な女たらしを即興で演じる。そして、現実が彼の欲望というベールを通して入ってくるせいで、マックスは絶対的な天才なのか、それともアンダーソン作品によく登場する見事な負け犬のひとりなのか、観客にもわからない。マックスが空想に逃げ込むのに対し、ベンジャミンは完全な惰性に慰めを求める。学校を出た後、彼は自分の存在の意味、あるいは少なくとも自分に用意された存在から抜け出す道を、憔悴しながら探していると気付く。もし彼が映画の最後でその道を本当に見つけるとしたら（これ以上不確実な道はないにせよ）、親に背き、社会的束縛を捨て、最終的に自分自身が動き出すしかないだろう。

マックスとベンジャミンは恋愛においても、年上の経験豊富な女性と付き合って、はじめて大人としての問題にぶつかる。ベンジャミンは、積極的な気質のミセス・ロビンソンとはじめての情事を経験するが、彼女の性に対する率直で直接的なアプローチに、この若者は動揺し、おじけづく。ウェス・アンダーソンが描くクロス先生は、マックス自身の感受性の純粋な投影であり、より寛容で優しい。そんな彼女もついに、気持ちを押し付けてくる少年にいら立ち、カッとなって大人のセクシュアリティを露骨に見せつけ、マックスが彼女に抱いていたロマンチックなイメージを台無しにする。2人の女性のセクシュアリティが神聖なものでなくなると、マックスとベンジャミンの子どもっぽい理想は粉々に砕け、大人が経験する冷酷な現実を目の前に突きつけられる。『天才マックスの世界』と同じように、「卒業」の若い主人公たちは、大人の世界に気付き、幻滅する。

　「卒業」の伝説的なラストシーンでは、ベンジャミンが"動けない自分"を克服してエレインを追いかけ、彼女の結婚を力ずくで阻止し、いきなり、人生のドライブに身を委ねる。「卒業」は、動く歩道に閉じ込められた青年が走り方を学ぶ物語なのかもしれない。しかし、主人公たちをそれぞれの人生から遠ざけるバスの後部座席は、どことなくむなしさが漂う。お決まりのハッピーエンドではなく、異様に長いショットのせいで、観客は2人の不確かな未来に疑問を抱く。やがて、高揚感に満ちた恋人たちの顔に、疑念が浮かんでくる。表情は暗くなり、ばつの悪さからもはや目も合わせられない。テーマソング「サウンド・オブ・サイレンス」が再び流れると、ベンジャミンは一瞬にして映画冒頭のようなぼんやりとした表情に戻る。「人は自分自身から逃れられない」とマイク・ニコルズがささやいているようだ。マックス・フィッシャーの劇の大成功に続く最後の夜は、彼の空想を描いたシーンにも見える。彼が本当のハッピーエンドを迎えたかどうかは、少し曖昧だ。

マックスがいつも現実と欲望を区別できずにいることを考えると、「このシーンに彼の空想がどれだけ含まれているのだろう？」と、疑わざるを得ない。アンダーソンのほとんどの映画と同様、『天才マックスの世界』もまた、人間に深く根差す強迫観念に触れている。その強迫観念がときに現実を支配し、キャラクターは孤立したり、本質を見失ったりする。しかし、「卒業」の最後のシーンが、「欲望は簡単に現実に押しつぶされてしまう」ことに対する警告だとしたら、『天才マックスの世界』の結末はそれとは異なる。「情熱を追い求め、欲望を育み、現実を超越しよう！」と励ましているのだ。『天才マックスの世界』は確かに「卒業」を思い起こさせるが、この映画には主人公マックスと同じ純粋で希望に満ちた心があり、観客にはハッピーエンドを信じるだけの十分な理由がある。

173

フランシス・フォード・コッポラ監督「地獄の黙示録」
大混乱の中心で

「我々はジャングルの中にいた。とにかく人数が多すぎた。あまりにも多くの予算と機材を手に入れて、少しずつ狂っていったんだ」フランシス・フォード・コッポラ、カンヌでの記者会見、1979年。

有名な話だ。フランシス・フォード・コッポラが最新作を発表したのは、1979年5月のクロワゼット通り（カンヌの海岸沿い）だった。しかし、コッポラの最高傑作「地獄の黙示録」の撮影中にクルーに降りかかった地獄を表現するには、「頑張り」という言葉はあまりにも弱すぎる。実は彼の前にも、別の聖なる怪物がジョセフ・コンラッドの小説「闇の奥」の脚色に挑戦していた。

オーソン・ウェルズだ。彼もまたこの小説の初の長編映画化を試みたが、スタジオが難色を示したのだ。「闇の奥」の映画化は、史上最も偉大な監督の挑戦を引き継ぐことも意味した。「ゴッドファーザー」の大成功に勢いづいたコッポラは（部屋が22もある家に住むようになっていた）、何年か後に、不可能と思われていた小説の映画化に挑戦しようと決心する。脚本はジョン・ミリアスに任せ、主役はハーヴェイ・カイテルを起用しようと考えた。また「闇の王」役には、すぐにマーロン・ブランドが浮かんだ。1976年2月、彼は妻のエレノアと3人の子ども（ジャン＝カルロ、ロマン、当時まだ4歳だったソフィア）を連れて、撮影場所であるフィリピンに出発した。このときはまだ、「地獄の黙示録」の製作が大変な混乱に巻き込まれることを、監督もチームも予想できなかった。当初は比較的順調だった撮影環境は悪化。ロケ地は台風による壊滅的な打撃を受け、出演者全員が数ヶ月間の帰国を余儀なくされた。しかし、コッポラは諦めず、自宅や、所有するほぼすべてのものを抵当に入れ、自らのビジョン、悪夢をスクリーンに映し出すために何百万ドルも注ぎ込んだ。撮影開始からわずか数週間後、ハーヴェイ・カイテルが早々と解雇され、代わりにマーティン・シーンが起用された。撮影スケジュールはどんどん遅れていった。極限まで追い詰められたマーティン・シーンが、あるシーンの撮影で、ホテルの部屋のありったけの酒を本当に飲んで暴れ、鏡を殴って手を怪我し、泣き崩れたことはよく知られている。

コッポラはカメラを手に、シーンの自宅や妻といったプライベートな記憶を呼び覚まし、彼を能力の限界ぎりぎりまで追い込んだ。エレノア・コッポラ（「ハート・オブ・ダークネス／コッポラの黙示録」で地獄のような撮影現場を克明に記録した監督）によれば、フランシス・フォード・コッポラ自身も狂気の淵に立っていた。

映画監督やスタッフにとって、アメリカがこれほど遠く感じられたことはなかった。心も体も試され、限界を迎えたマーティン・シーンは心臓発作を起こした。映画が完成するかどうか誰にもわからず、コッポラ本人も自身が破滅に向かっていると確信していた。そしてマーロン・ブランドが到着……ところが彼は3週間の撮影で受け取る予定だった300万ドルのギャラのうち、100万ドルの手付金をまんまと手に入れておきながら、プロジェクトから抜けると脅す。

栄華を誇った時代のギリシャ神のようだった姿は消え、フィリピンに降り立ったブランドの姿は怪物のようだった。到着前に減量する約束だった体重は、優に100キロを超えていた。ジョセフ・コンラッドの原作小説も読むはずだったが、1行も読んでいない。実際、セリフすら覚えていなかった。その後は、伝説となった。ブランドはモノローグを即興し、カメラの前でカーツ大佐の心の闇をさらけ出したのだ。映画は、まったく別の次元に突入した。

アカデミー賞2部門とパルムドールを受賞した「地獄の黙示録」は、今日に至るまで史上最高の戦争映画として君臨し続けている。スタンリー・キューブリックの「フルメタル・ジャケット」でさえ、その座を勝ち取れなかった。カーツ大佐が永遠の首座にあり、作品は世界中の映画ファンから第7芸術の記念碑として定期

的に言及される。そして、この世界とも、その地獄のような制作過程ともほど遠いように思えるウェス・アンダーソンも、この映画のシーンをわかりやすく引用している。『天才マックスの世界』の劇中劇で「地獄の黙示録」を再現し、ジェイソン・シュワルツマンがマーティン・シーン風の人物に扮して登場する。ウェス・アンダーソンは独自のやり方で同作に敬意を表しているのだ。彼は段ボールと発泡スチロールでポケット版「地獄の黙示録」をまとめ上げ、本物の、しかし無害な爆発を演出の目玉にした。フランシス・フォード・コッポラの地獄の子ども版、あるいはすべての映画ファン向けの忘年会の余興と言ってもいい。イタリア系アメリカ人の巨匠とテキサス出身の映画監督の映画制作への取り組み方を比較するのは、実に面白い。前者が混乱を引き起こすほど限界を突き詰めようとしたのに対し、後者はセットの準備から実際の撮影まで、映画のあらゆる面をコントロールする必要を感じている。方法と姿勢は根本的に異なるが、両者ともある同じ目標に向かっている。それは、自身の確かな創造的ビジョンを実現する、膨大な、無限とも思えるリソースを駆使したあらゆる準備だ。そのとてつもない野心と極端なこだわりという点で、アンダーソンはコッポラからかけ離れてはいない。しかし、彼の映画は「地獄の黙示録」の監督の作品とは正反対だ。時が経ち、アンダーソンとコッポラの距離は縮まっている。というのも、監督の忠実な共同脚本家であり親友は、ほかでもないフランシスの息子、ロマン・コッポラなのだ。こうして輪は完成する。アンダーソンはついに、コッポラのテーブルについて彼の有名なパスタを堪能し、もちろん、映画談義に花を咲かせることもできるのだ。⚷

チャック・ジョーンズのカートゥーン

世界を平らにする

Fig. 58

オオミチバシリ（学名：ジオコシックス・カリフォルニアヌス）

荒れ果てた地平線に向かって、砂埃に覆われた道が縫うように続いている。照りつける太陽の下、ぽつりぽつりと立つサボテンと黄土色の高い崖が、ターコイズブルーの空を背景に際立って見える。このおなじみの舞台は、有名なロード・ランナーとワイリー・コヨーテが登場する、型通りの夢のアメリカだ。ワイリー・コヨーテとロード・ランナーは、1949年のエピソード「コヨーテ怒りのダッシュ」でテレビ画面に登場した。チャック・ジョーンズの想像から飛び出してきた、痩せこけたコヨーテと羽の生えた敵は、アメリカの砂漠で永遠のいたちごっこを繰り広げる。そして、青い空と赤い大地が広がるこの乾燥した風景は、そのまま、テキサス出身の監督の11作目の映画『アステロイド・シティ／Asteroid City』の舞台でもある。

ウェス・アンダーソンが、カートゥーンの要素を徐々に取り込んでいることは、疑いの余地がない。自然主義的な描写（美化をせず「真実」を描き出す）よりも、映像を"平坦化"することに興味をもっているようだ。アクションの多くが劇場の舞台で行われる『アステロイド・シティ』は、監督作品のなかでも特にメタテクスト性（明示か暗黙かに関わらず、2つの文脈を関係づける性質）を強くもつ。アンダーソンに向けられる批判のなかで最も陳腐なのは、「彼の映画は生命力に欠けた凍り付いた芸術で、才能のある俳優を実体のない操り人形に変えてしまう」というものだ。この非難を真に受けるなら、彼の映画は生命の幻想をつくり出すために、高速で映し出される連続写真にすぎないことになる。『アンソニーのハッピー・モーテル／Bottle Rocket』のパラパラ漫画、アンソニーがノートにラクガキして楽しんでいる、あれだ。しかし、映像芸術は、生命にあふれている。チャック・ジョーンズはこう表現する。「アニメーションは生命の幻想ではなく、生命そのものだ」[1]

『アステロイド・シティ』はアニメーション作品ではないが、シンプルさ、ギャグの面白さ、はっきりとしたキャラクター性といったアニメー

---

1. Chuck Jones, Chuck Amuck: The Life and Times of Animated Cartoonist, Farrar, Straus & Giroux, 1999.

ションの形式を借りている。アンダーソンは、同じテキサス出身の重要人物、アニメーション界の巨匠テックス・アヴェリーとよく比較される。しかしここでは、伝説のカートゥーン作家チャック・ジョーンズに触れないわけにはいかない。伝統的なアメリカンアニメーションのまさに柱であるチャック・ジョーンズは、このジャンルの最も象徴的なキャラクターの生みの親（あるいは共同作者）だ。彼が大いに能力を発揮したワーナー・ブラザースの動物寓話集、ルーニー・テューンズやメリー・メロディーズには、バッグス・バニー、ダフィー・ダック、エルマー・ファッド、ポーキー・ピッグ、ペペ・ル・ピュー、マービン・ザ・マーシャンといった有名キャラクターが登場する。チャック・ジョーンズは60年にわたるキャリアで300を超えるカートゥーンを制作し、アニメーションの歴史、そして数世代にわたる視聴者の集団的想像力に、消えない足跡を残した。

『アステロイド・シティ』は映画の参照（リファレンス）が満載の作品だ。ミッジ・キャンベルはマリリン・モンローとキム・ノヴァクを彷彿とさせ、オーギー・スティーンベックはスタンリー・キューブリックに多大な影響を受けている。ほかにも、ジョン・スタージェス監督の「日本人の勲章」やスティーヴン・スピルバーグの「未知との遭遇」など、視覚的なインスピレーションも豊富だ。しかし、もっとストレートでわかりやすいのが、チャック・ジョーンズ作品へのオマージュだ。まず、広大なアメリカ南西部を描いた段ボールの砂漠の真ん中に、ロード・ランナーとワイリー・コヨーテの背景そのままの風景が広がる。一本道が高所で突然途切れている未完成の高架橋も、このカートゥーンで最も有名なギャグを思い起こさせる（実際に使う必要性はまるでない）。コヨーテが谷間に落ちようとするとき、重力に追いつかれるまでの間、宙に浮いたまま呆然とカメラを見つめる。重力は、ウッドロウとチャック・ジョーンズが好む物理法則だ。そのうえ、作中に、町はずれでひかれたコヨーテの話がちらっと出る。その不運なコヨーテをを目撃した、そばかす顔の少年は興奮気味に「14輪トラックにひかれ、パンケーキのようにぺしゃんこになった」と話す。これもまた、ワイリー・コヨーテが何度も落ちては地面でぺしゃんこになる姿を思い出させる（子どもたちは大喜びだ）。しかし、最もわかりやすいオマージュはもちろん、グレーターロードランナーという優美な名前をもつ漂鳥、オオミチバシリだ。これぞ、カートゥーンキャラクターのヒントになった、羽の生えた獣にほかならない。このオオミチバシリがあちこちで「ミッミッ」と鳴いて、観客を楽しませる。

179

赤いダイナマイトこそ見当たらないが、核弾頭に「ACME Corporation（アクメ社）」と刻印されている可能性は確かにある（コヨーテが兵器を注文している会社だが、結局いつも痛い目に合う）。遠くに見えるキノコ雲でさえ、質感は明らかにカートゥーン調だ。宇宙訓練生や天文学者たちの奇抜な発明品（ジェットパック、殺人光線、月面にアメリカ国旗を投影する装置など）は、まるでマービン・ザ・マーシャン（よその惑星に自分の星の旗を立てることに無上の喜びを感じるキャラクター）の宇宙船から持ってきたかのようだ。本物の宇宙人が登場すると、ゴムのような皮膚、落ち着いた態度、大きくて表情豊かな白い目がやはりマービンを彷彿とさせるが、似ているのはそれだけだ（古代ローマの百人隊長のようなスカートははいていない）。いずれにせよこの地球外生命体は、チャック・ジョーンズの世界から一種コミカルな動きを取り入れている。パロディ映画を想起させる、カートゥーン調の動作である。

チャック・ジョーンズもウェス・アンダーソンも、チャーリー・チャップリンやバスター・キートンといったスラップスティックコメディの巨匠を敬愛している。この謎の宇宙人は最後に、観客が無意識のうちに求めていた、宇宙人、ジェフ・ゴールドブラム（そしてバッグス・バニー）をつなぐミッシングリンクを明かす。

『アステロイド・シティ』は最も"ルーニー・テューンズ調"アンダーソン映画であり、2次元のキャンバスに描いた絵画のようだ。この作品の動きの無駄のなさは、昔ながらの手描きアニメーションの典型だ。背景は動かず、主人公たちの身振りや動きが苦心して描かれる。アニメーション映画では、背景の上にセルを重ねて環境を描画し、その上でさらにセルのキャラクターを横方向にスライドさせる。こうすると、トラッキングショットのような錯覚が作り出される。ここでは、アンダーソンお得意の横方向のトラッキングショット（俳優をカメラが追うように動いて撮影したショット）さえも、カートゥーン味がある。サボテンや小道具1つひとつを入念に想像し、デザインし、配置する。セット（背景）を細かくコントロールするのは、アニメーション制作に通じる。ストップモーションに挑戦して以来、アンダーソンは"手づくり"を好むようになり、今や実写作品でもそれが基本原則となったようだ。

しかし、カートゥーンへのオマージュが、キャラクターの「人生の意味への問い」を隠しては

ならない。これは決して、薄っぺらなものではないのだ。この映画の核心にあるのは、よそ者に対する嫌悪や恐怖、悲しみが残す深い空虚、人間の情熱のドラマ、そして人生の意味そのものだ。宇宙人の不穏な侵入は、宇宙の異常現象と同じく、すべての確信に疑問を抱かせる。「世界は変わってしまったんだ！ 次に何が起こる？ 誰も知らない！ 宇宙人はまた来る？［……]宇宙には何がある？ 何か！ 人生の意味？ それがあるかも！」若いウッドロウは思いを巡らす。こんなに多くの疑問に答えられない世界で、どうやって生きていくのか？

キャラクターたち全員が抱く、実存的な問いだ。平凡だが強烈な疑問で、俳優ジョーンズ・ホールはセリフの合間に突然芝居を抜けると、演出家に同じ疑問を投げかけた。「僕はきちんと彼をやれてる？」戸惑った様子で聞く。「このまま続ける？」「イエス！」「何もわからずに？」「イエス！」「何か答えがあるんじゃないのか？ 宇宙のかなたに？」俳優は食い下がる。そして途方にくれ、ついに言う。「まだこの芝居がわからない」。演出家が返す。「いいんだよ。そのまま物語を続ければいい。君はうまくやっているよ」

ウェス・アンダーソンの平坦な世界に繊細さや複雑さが欠けていると考えるのは、技巧と感情とは相反するものだと考えるのと同じだ。しかし実際には、技巧によって感情を最大に描き出せることもある。カートゥーン、演劇、映画、文学、ミュージカルの大きい目的のひとつは、おそらく、この世界の謎を簡潔でわかりやすい形に縮小することだろう。シェイクスピアが「マクベス」で書いたように、人生とは「がやがやした騒音や激しい怒りに満ちた［……]物語だが、何の意味もない」。世界を平坦化することは、チャック・ジョーンズやウェス・アンダーソンにとって、よりシンプルかつ凝縮された形で世界を示すことだ。その方が、騒音や怒りにあふれかえる現実よりも、わかりやすく表現できる。世界を掌中に収めたいと考えるウェス・アンダーソンを、誰が責められよう。🗝

ASTEROID CITY 950855

TABLE	NO. PERSONS	WAITER	AMOUNT OF CHECK

チャック・ジョーンズによる「ワイリー・コヨーテとロード・ランナーの9つのルール」

TABLE	NO. PERSONS	WAITER	CHECK NO.
			950855

ルールその1	ロード・ランナーは「ミッミッ」と鳴く以外、ワイリー・コヨーテに危害を加えない。
ルールその2	自身の愚かさ、あるいはアクメ製品の欠陥以外、外部からのいかなる力もワイリー・コヨーテを傷付けない。
ルールその3	コヨーテはいつでも立ち止まれる……狂信的でなければ（「狂信は、目的を忘れたまま努力を倍加することにある」ジョージ・サンタヤーナ）。
ルールその4	セリフは「ミッミッ」のみ。
ルールその5	ロード・ランナーは常に道路にいる（そうでなければ論理的に" ロード・ランナー"とは呼べない）。
ルールその6	すべてのアクションは、2つのキャラクターの自然環境に限定される（つまりアメリカ南西部の砂漠）。
ルールその7	すべての材料、道具、兵器、機械設備はアクメ社から入手する。
ルールその8	可能な限り、ワイリー・コヨーテの最大の敵は重力である。
ルールその9	コヨーテはいつも、失敗によって傷付くのではなく、恥をかく。

TAX			
STYLE xx	Thank You -- Call Again		

IX

旅行土産の展示室

城壁に囲まれ、時の流れから隔絶されたイタリアの小さい村。ヒマラヤの高地に向かう、インド横断の列車。深海に沈んだ王国、アルプスはズデーテン山地の霧深い山。偉大なる旅行家たちと同じく、ウェス・アンダーソンも（現実か空想かに関わらず）冒険旅行の土産を持ち帰っている。それらはもちろん、この空想博物館に保管されている。いわばウェス・アンダーソンの"驚異の部屋 (Cabinet of curiosities)"で、ゾウがペイントされた列車模型、しわのついた古いトランスアルパイン・ヨーデル紙、当てにならないニューヨークのバス時刻表、学会では未確認の海洋生物がたくさん登場する動物寓話集などがある。アンダーソンは、世界の端から端まで、"映画ファミリー"を引き連れて実際に旅をしているわけではない。しかし、まだ地図に載っていない領域を発見し続けている。こうした架空の国々には、大量のディテールやいくつものパラレルストーリーがある。しばらく腰を落ち着けて、見学していこうではないか。事実、公開されるたびに、ウェス・アンダーソンの作品は拡張を続けるひとつの世界なのだと知らされる。生まれ故郷のテキサスにはじまった彼の世界は、いくつもの街路、都市、国を取り込みながら広がり続け、いつか遠い銀河に至る可能性を思わせる。ジュール・ベルヌの小説「八十日間世界一周」が、ビル・マーレイとジェイソン・シュワルツマンのコンビで映画化されることを夢見ずにはいられない。アンダーソンが想像から生み出したでこぼこ道を猛スピードで突き進むことだろう。我らが愛すべき監督に会う機会があれば、どうかこのアイデアを伝えてほしい！

インド土産
列車のオデッセイ

人里離れた山奥、魅惑的あるいは神秘的な場所。人食いトラ、インドローズの首飾り、青とサフランイエローで彩られた鮮やかな列車。ホイットマン兄弟が乗り込む列車の窓からは、謎めいたインドの景色が飛ぶように過ぎていくのが見える。はじまりは鉄道の駅だ。都会の喧騒のただなかから、聖なる寺院、不毛の砂漠、ヒマラヤ高地へと旅は進んでいく。

ウェス・アンダーソンが、観客を列車によるロードムービーの世界へ誘うのが『ダージリン急行／The Darjeeling Limited』だ。5作目となるこの映画のタイトルは、車体にゾウが描かれた、素敵な青い列車の名前だ。居心地の良い個室に乗り込むと、フレッシュレモネード、スパイスの効いたスナック、ミックスナッツ（アーモンドやカシューナッツ）が供される。細かく定められた旅程は、具体的な指示とともに印刷され、ラミネート加工されている。シバプール駅到着(9am)、千牛寺訪問(9:15am)、カカ市場散策(10:30am)といった具合だ。旅程表が手渡されるのは、次の駅へと動き出した列車に乗り込む直前。目的地はもちろん、ベンガル州の北、青々とした茶畑が広がるヒマラヤ山麓のダージリンである。

何世紀にもわたり、西洋諸国はインドに対して未知なる地平という憧れを抱き、想像を膨らませてきた。オリエンタルドリームと称されるこのイメージは文学や小説によって広まり、実際には厳しい現実と一致しないこともあった。

TRAVEL ITINERARY 2-13-07

6.30a	Wake up - Francis Whitman (FW)
6.35a	Shower - FW
6.45a	Wake up - Jack Whitman (JW)
6.50a	Shower - JW
7a	Wake up - Peter Whitman (PW)
7.05a	Shower - PW
7.20a	Breakfast in Dining Car
8a	Quiet Time
9a	Train Arrives @ Shivapur Junction
9.15a	Visit Temple of 1000 Bulls
10.30a	Shopping in Kaka Market
12.30p	Lunch @ Tripathi Guest House
2p	Board Darjeeling Ltd. @ Shivapur In.
2.15p	Darjeeling Ltd. Depart for Premgarth
2.20p	More Quiet Time
3.45p	Tea (Chai) in Lounge

少なくとも、フランシス・ホイットマンは、そんなイメージを抱いていたはずだ。列車の切符代さえ払えば、真の精神の再生が得られると信じているのだ。狭い寝台車で身を寄せ合い、鎮痛剤とせき止めシロップで頭をぼんやりさせているフランシス、ピーター、ジャックに、求めている心の平安は訪れない。ホイットマン兄弟の"心の旅"はほどなく脇道にそれ、思いがけない方向に進む。そして列車とともに、砂漠の真ん中で迷子になる。その後、毒ヘビ、取っ組み合い、インド製唐辛子スプレーなどの不幸な事件に遭遇した3兄弟は、プリンター、ラミネーター、スーツケース11個と一緒に道端に放り出される。この先は、徒歩で進むほかはない。お決まりのルートを外れたここからが、本物の冒険だ。

インドでたくさんの着想を得たアンダーソンにとって、この土地は"大いなる旅"の理想の背景となった。彼がインドの魅力にはじめて触れたのは、子どものころだ。「インドに興味を持ったのは、幼なじみがマドラス出身だったからです。テキサスに住んでいた、8歳のときに出会いました。〔……〕子どものころに彼が話してくれたことはよく覚えています。まるで別世界の話のようでした」。[1] ウェス・アンダーソンは、ベンガル人監督サタジット・レイの作品やジャン・ルノワールの映画「河」に夢中になった。そうした空想上の旅が、現実の旅に重なっていったのだ。脚本の執筆に没頭するため、監督は聖地巡礼の旅に出た。共同執筆者のロマン・コッポラとジェイソン・シュワルツマン（2人はいとこ同士でもある）も一緒である。パリで執筆をはじめると、その後5週間かけてインドを巡った。3人は代理兄弟のようにインドを探検し（まるでホイットマン兄弟）、想像したくだりや実際のエピソードを盛り込みながら脚本を書いた。映画と同じように神聖な寺院を訪れ、「すべてにイエスと言う」考えを受け入れ[2]、プリンターを持って移動した（そのプリンターは最終的にアダプターのちょっとした不具合で火を噴いた）。

しかし、インタビューによると、ホイットマン兄弟とは違い、毒ヘビ（コブラ）は買わなかったという。1年後、この代理兄弟は撮影現場で再会し、約5ヶ月のあいだどっぷりとインドに浸かる。広範囲に及んだ現地調査の結果、ラジャスタン州（城砦が点在する"王の地"）の砂漠がメインの撮影地となった。ジョードプルの街を出発したダージリン急行は、パキスタン国境のタール砂漠を進む。最後にたどり着くのは、パトリシア・ホイットマンが身を隠す修道院だ。この撮影地は実際にはウダイプルにある、ラージプート時代の王が所有していた狩猟小屋跡だ。人里離れた印象的な設定は、ヒマラヤのへき地に赴任した尼僧を描いたマイケル・パウエルとエメリック・プレスバーガーの映画「黒水仙」から多大な影響を受けている。

1. Steve Weintraub, "Wes Anderson & Roman Coppola Interview," Collider, 7 October 2007.
2. Michael Guillen, "Interview With Wes Anderson, Jason Schwartzman & Roman Coppola," Screen Anarchy, 10 October 2007.

しかし、よく言われるように、最も大切なのは目的地ではなく、旅そのものだ。そこで、監督の頭に最初に浮かんだのが、列車を使うことだった。「列車を舞台にした映画を作りたいと、かねてから考えていました。撮影場所そのものが移動するというアイデアが気に入っていたんです。ストーリーが進むにつれて、撮影場所も進むわけです」とアンダーソンは説明する。[3] この点において、鉄道の旅は第7芸術（映画）を根強く魅了してきた。西部劇では押し寄せる産業革命の象徴、「北北西に進路を取れ」ではあからさまな性的比喩、「オリエント急行殺人事件」では密室ミステリーの舞台、「シェルブールの雨傘」では悲しい別離と、ラ・シオタ駅で列車の到着がはじめて撮影されたときから、鉄道と映画は長い旅を続けてきたのである。

リュミエール兄弟からアルフレッド・ヒッチコック、小津安二郎まで、監督たちは列車を利用してきた。ウェス・アンダーソンにとって、列車移動はコメディの可能性にあふれている。たとえば、狭い客車で繰り広げられる無様な取っ組み合いはどうだろう。あるいは少々のユーモアを込め、レール、起点、駅、分岐点などで"人生"を象徴的に表すこともできる。もちろん、狭苦しい閉所で強いられる不自由さを示すためにも利用できる。ホイットマン兄弟が置かれた状態がそれだが、彼らが目指す、大胆かつ冒険的な生き方とは正反対だ。

観客にベラフォンテ号の船腹を見せた後、監督は窓外の景観にぴったりの乗り物「ダージリン急行」をつくりあげた。それは、実際に動くカスタムメイドの列車。線路の上を走る、本物のミニスタジオだ。アンダーソンは、運行中の鉄道線路を移動する列車で映画を撮ることにした。許可どりや機材手配といったロジスティクスを考えれば、厄介なアイデアだ。しかし監督は、列車が走ることにこだわった。もちろん、お役所関連の手続きをすべてクリアし、鉄道会社と調整し、列車の時刻表に合わせて作業し、遅延や停電に対応しなくてはならない……撮影クルーたちも、これほど狭いセットで、照明を配置したりカメラを移動させたりと、まるでアクロバットのように動き回らなくてはならない。しかし、アンダーソンが信頼を置く撮影監督、ロバート・イェーマンは次のように話す。「ウェスは、実際に動いている列車によって、つくりものでは得られないエネルギーがショットに与えられると感じていた」。[4]『ダージリン急行』は、ディテールの1つひとつまで徹底的に人の手によってつくり込まれている。プラットフォームに立つ乗客は、地元の職人が手描きした素晴らしいフレスコ画を目にする。客車は、アールデコのタッチにラジャスタンスタイルの布地を組み合わせ、まばゆい青の濃淡で装飾されている。客車に備え付けの小物は、刺しゅう入りのパジャマからゾウが描かれたティーカップまで、たまたまそこにあるものは

3.『ダージリン急行』プレス資料, Fox Searchlight Pictures, 2007.
4. 同前。

何ひとつない。列車は現実を忠実に再現したものではなく、それ自体が創造物だ。長期間にわたるリサーチで見つけた影響や発見が巧みに融合されている。アンダーソンとチーフセットデザイナーのマーク・フリードバーグは、インドにおける豊かな鉄道の歴史を調べた。インドの鉄道ネットワークは世界でも特に発達していて、広い国土を縦、横に走っている。インドの列車と、オリエント急行や20世紀特急（鋼製で非常に重い、世界一長大な列車とされていたニューヨークの寝台車）といった、伝説的な列車からインスピレーションを得た結果、西洋と東洋を合わせた、ハイブリッドの乗り物が姿を現した。加えて、ダージリン急行には、ヒマラヤの急な坂道を上る山岳鉄道「ダージリン・ヒマラヤ鉄道」の愛らしい、青く小さい蒸気機関車の面影もある。トイトレインと称される、鉄道ファン憧れのおもちゃのような列車は、アンダーソンの世界からそのまま出てきたようにも見える。

2021年には、監督の想像(イマジネーション)から本物の列車が誕生した。ベルモンド社の依頼でデザインした豪華列車、ブリティッシュプルマンがそれだ。寄木細工とエメラルドグリーンのモチーフがたっぷり使われた個室は、ウェス・アンダーソンは現実世界でもスタジオでも、見事なまでの精緻さを発揮するのだと主張する。またしても監督は、現実と想像の間にある紙一枚の隔たりを越えた。

これまで訪れてきたすべての国々と同様に、ウェス・アンダーソンによるインドの描写は、まるで絵本だ。色彩にあふれ、荒野の地平線や人々が熱心に祈りを捧げる神々が登場する、夢のようなこのインドの情景は、ある1つの視点だけからのインドだ（監督は、フランスあるいはニューヨークからの視点で描き出している）。アンダーソンによるインドの描写は、蜃気楼あるいは影絵のようなものにすぎないのだろうか……しかし、映画やキャラクターさらには撮影クルーにまで、インドは徐々に影響しはじめる。ホイットマン

兄弟がインドでの経験に対して心を開いていると思い込んでいる間は、インドは彼らを圧倒し、激流のように押し流す（よく知られたインド特有の症候群）。辺境で行われたこの撮影では、起きたことを受け入れること、間違いや予期せぬできごとが入り込む余地を作ることも学ばざるを得なかった。つまり、ありのままのインドを受け入れるのだ。監督はこう述べている。「インドは人の心を強く魅了します。インドは、映画の内容だけでなく、そのスタイルにも影響しました。私たちは、滞在中の発見をコントロールしようとせずに、見つけたものごとをよく観察し、理解しようとしていました。［……］インドそのものが、映画の主題になったのです」[5]

5. Karin Badt, "A Conversation With Director Wes Anderson," Huffington Post, 26 September 2007.

イタリア土産

ドルチェ・ヴィータ：幸せな暮らし

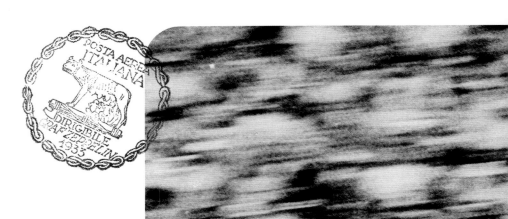

ウェス・アンダーソンの作品リストからつくられる素敵な旅程表には、イタリアでの乗り継ぎが含まれている。短い滞在時間ではあるが、案内されるのは、永遠の都ローマやゴンドラがゆったりと浮かぶベニスの運河から遠く離れた、田舎の小さい村だ。思い出に長く残る、夕べになるだろう。

カステッロ・カヴァルカンティでの祝祭の夜。1955年9月の夕暮れ、モルトミリア (Molte Miglia: "多くのマイル"の意) のレースカーたちが駆け抜ける。ここは中世から続く、城壁に囲まれた小さい村。せいぜい30人の村人たちが、中央広場にある馴染みのカフェに勢ぞろいしている。多くは老人で、子どもは数人だけ。マンマがたばこに火を付ける。別のマンマは編み物をしている。フランシス・フォード・コッポラの映画「ゴッドファーザー」からそのまま出てきたような猟師が、獲物を手にしたまま語らう。その少し奥で、ベレー帽をしっかりかぶった4人のツィーオ (年配者) がカードゲームに興じている (おそらく、面白い絵柄が描かれたスコパだ)。神父や修道女たちまでが、最前列に陣取り、小さい旗を振っている。カフェの美人ウェイトレスは、カウンターに寄りかかってうんざりしているように見える (父親が近くにいるのだろう)。道に沿って干し草の俵が並べられ、ヤギもウロウロしている。

イタリアの片田舎に足を踏み入れたことがある人は知っている。平穏と退屈の境があいまいな夜が幾晩も続くそこでは、どんなに地味でも、イベントはイベントなのだ。

クルマが突っ走ってくる。都会からやってきたであろう、スポーツ紙のフォトグラファーがその瞬間をフィルムに収める。クルマが猛スピードで通り抜けると、彼はBMWのバイクで去る。それだけだ。この静かな夜、村人たちは旗を振ってドライバーを応援するが、クルマのエンジン音はすでに遠くで響くのみ。村人たちはレースの開催を祝って集まってはいるが、どこかうら寂しい。突然、最後のドライバーが激しい勢いで突っ込んでくると、コントロールを失い、クルマごとキリスト像に衝突する。彼の名はジェド・カヴァルカンティ。若いアメリカ人ドライバーである。この忘れられない夜に自分のルーツがこの村にあることを知り、親類たちに出会う。彼にとって、村から出るための最終バスを見送る理由としては十分だ。美人のウェイトレスにスパゲティを注文し、老人たちとテーブルにつき、まるで絵画のような村、心に語りかけてくる村にとどまる。

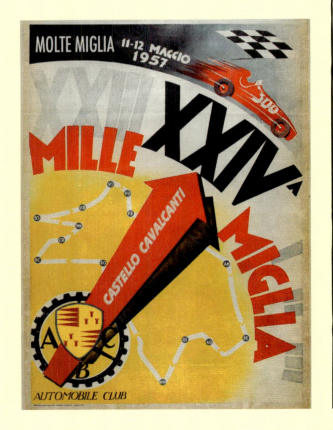

城壁に守られた小さな村カステッロ・カヴァルカンティは、時がゆっくりと過ぎていく。これは旧世界に共通の特徴だ。この小さく温かい村は、猛スピードで繰り広げらるイベントに対して準備などできようもない。9月の夕べ、現代世界が突然割って入るが、期待外れに終わる。数台のレースカーは夜の闇へと走り去り、友好的な村人の集まりには目もくれない。このエピソードだけで、ゆっくりとした時の流れへの賞賛を読み取れる。過ぎ去った世界に心惹かれるウェス・アンダーソンにとって、カステッロ・カヴァルカンティは、孤立し、遠く離れ、現代のわずらわしさを感じさせない、安息の地だ。たった7分あまりで、イタリアの心のふるさとの夜をしっかりと描き出した。スコパゲーム、何人かの老人、世界（あるいは村）の秩序を守るマンマ、たばこを吸う若者、ミニカーで遊ぶ子ども、ニワトリ、ヤギ、大盛りのスパゲティが乗った皿。監督が見せるのは、彼自身のイタリア像だ。一晩足止めされてみたい、絵葉書のような村。次の日にはカフェのテラスでエスプレッソを一杯と新聞、そして焼きたてのおいしいコルネットをいただこう。これぞ、ドルチェ・ヴィータ。人生を謳歌しようではないか。🔑

旧ズブロフカ共和国土産

失楽園

「ヨーロッパ大陸の東の果て。旧ズブロフカ共和国。かつての帝国の中心地である」。こうした言葉が、中央ヨーロッパの中心だった小国に、私たちを迎え入れる。地勢もわからず、国境もはっきりしないこの国を、私たちはほどんと知らない。ここ空想博物館は、謙虚で誇り高いズブロフカ人の精神を残すため、記念品や装飾品、遺物などをいくらか保存している。

(空想の)共和国ズブロフカの全盛期を訪ねる旅で、ルッツの街に立ち寄らないなど、考えられない。ここから列車に乗った旅行者は大麦畑を抜け、アルプスはズデーテン山地のふもと、素敵な温泉の街ネベルスバートへ向かう。ネベルスバートを見下ろすように建っているのが、威容を誇るグランド・ブダペスト・ホテルだ。頂上に雪をいただく、霧深い山の前に立つその建物は、トーマス・マンの小説「魔の山」を思い起こさせる。また、ドイツの画家であるカスパー・ダーヴィト・フリードリヒが描く、霧に包まれた山岳風景のようでもある。このホテルへ行くには、徒歩ではなく、小さい登山列車がお勧めだ。「グランド・ブダペスト」を表す"GB"のイニシャルと王冠が装飾された、可愛らしい乗り物だ（よく似た乗り物がヨーロッパにはいくつかある。ハンガリーの首都ブダペストにある、王宮の丘に建つ「ブダ城」までのケーブルカーはそのひとつだ）。急斜面を上がるとようやく、ホテルの重厚な扉の前に到着する。そこではベルボーイが、真剣な面持ちで旅行者を待ち受ける。

ホテルを正面から見ると、まるで巨大な洋菓子店のようだ。それもそのはず、この建物は、さまざまな参照や引用の影響が重なりあった"ミルフィーユ"にほかならない。アンダーソンはこう説明する。「異質の要素をたくさん集めて、空想や虚構から、ある物体の外観を作り上げようというアイデアが気に入りました。これは私が小説からヒントを得ているのと同じことです。たとえばこの映画のホテルは、写真、本、映画などを見て面白いと思った、20ほどの建物が元になっています。それぞれからほんの少しだけ、ディテールをもらうんです」。[1] ホテルの黄金時代に命を吹き込むため、アンダーソンと共同脚本家のヒューゴ・ギネスは、最も壮麗な建物を探すため、バイエルン州、オーストリア、チェコ共和国の旅に出た。それらの建物から収集した無数の断片を、このヨーロッパの幻想に吹き込んだのだ。グランド・ブダペスト・ホテルのファサードは、カルロヴィ・ヴァリにあるホテルブリストルやグランドホテルパップを直接的に模してはいない。しかし、漠然とではあっても同様のロマンを醸し出し、実際にこうした建物を思い起こさせる。ヨーロッパのさまざまな場所で、ウェス・アンダーソン映画のひとコマに突然遭遇したような印象を受け、すっかり心を奪われるのは、このように、現実と空想が無限に絡み合っているからなのだ。グランド・ブダペスト・ホテルの甘く華やかな内装は、まるで巨大なピエスモンテ（飾り菓子）のように、階ごとにデザインし、空っぽの

---

1. Julien Gester, "Wes Anderson : la précision du style l'emporte toujours," Libération, 25 February, 2014.

スタジオで入念に準備したであろうことに疑いの余地はない。もちろんスタジオとは、全宇宙を建設することも可能な場所だ。さらに、アンダーソンと美術監督のアダム・ストックハウゼンは、ドイツザクセン州ゲルリッツの小さな街に閉業した百貨店を見つけた。時間と歴史に取り残されていたゲルリッツ百貨店を、緋色のカーペットとまばゆいシャンデリアのホテルロビーに変身させたのだ。

戦争の予兆に無頓着なズブロフカの上流社会の関心はもっぱら、(戦車が国境に配置されているという報せにも関わらず)、写真入りで報じられた伯爵夫人セリーヌ・ヴィルヌーヴ・デゴフ・ウント・タクシス (マダムC・V・D・u・T)の死亡記事に向けられた(コミカルなカメラの動きがそれを示している)。しかし、シュテファン・ツヴァイク (ライブラリーで間違った棚に置かれても、大きい存在感を放つ作品ばかりの作家)が「昨日の世界」で述べているように、「同時代

この豪華なロビーで、旅人たちはプリンス・ハインリッヒ・スイート(133号室)の鍵を気長に待つが、その部屋が空いていなければカイザー・フリードリヒ・スイート(142号室)でも十分満足できるはずだ。ふかふかの肘掛け椅子に心地良く身を委ねたら、旅人を温かく迎えた小国の現状を把握しようと、最新のトランスアルパイン・ヨーデル紙にじっくり目を通す。トランスアルパイン・ヨーデル紙は日刊で、なんと、1日2回発行される。このことだけでも、ブロフカの生活が活気にあふれていることがよくわかる。1932年10月19日の朝、トランスアルパイン・ヨーデル紙の朝刊を楽しみにしていた旅行者は、その日のただならぬニュースに動揺したことだろう(わずか半クルーベック(ズブロフカの通貨)のお手ごろ価格)。ピンクの紙に黒文字で印刷された見出しは、開戦の可能性を示していた。しかし、

の人たちが、自分たちの時代を決定する大きな動きの始まりを認識できないのは、疑う余地のない歴史の法則である」。[2] グランド・ブダペスト・ホテルでもやはり、皆が自分のことにかかりきりで、彼らの時代を形づくる大きな動きを進んで知ろうとはしなかった。歴史はゆっくりと、容赦ないペースで進む。

嵐の前の静けさという以外、政治的背景について多くは語られない。映画は2つの世界大戦を融合しているようだ。そして、2つの文字「ZZ」を掲げたファシズムが台頭してくる(ナチス親衛隊のイニシャル「SS」を思わせる)。夜明けとともにジグザグ(ZZ)大隊が押し入り、ホテルを司令部に変えるのを目撃し、呆然とするホテル客。部隊はやがて、悲惨な負の遺産に加え、そのロゴを入れたマティーニスプーンや卓球台を残して去

2. Stefan Zweig, Die Welt von Gestern, 1942(シュテファン・ツヴァイク著「昨日の世界」)

ことになる。監督は、この理念が欠落した大隊を平凡なものとして描いた。それは集団によって悪が希薄化されること、残虐性はありふれたもの、ささいなもののなかに存在することを示している。これはアンダーソンが参照した「エルサレムのアイヒマン」でハンナ・アーレントが展開した恐ろしい概念「悪の凡庸さ」を反映している。『グランド・ブダペスト・ホテル／The Grand Budapest Hotel』の制作者は、歴史にひねりを加えることを楽しむだけなく、その裏付けにもしっかり留意しているのだ。

映画は冒頭から、旧ズブロフカ共和国を郷愁をそそる世界として見せる。観客は、その世界が歴史の流れによって消し去られたことを知ったうえで、鑑賞する。そして1968年以降、グランド・ブダペスト・ホテルでの滞在を希望する旅人は、色あせた装飾に迎えられることになる。過ぎし日にあっては菓子店のように淡いピンクで塗られていたホテルは、ブルータリズム様式の武骨で実用的なファサードに置き換わっている。愛すべき小さな登山列車まで、その輝きを失っているようだ。この物悲しい光景が、グランド・ブダペスト・ホテルに影を落とす。ゼロ・ムスタファの感動的な物語が、ホテルをかつての荘厳な姿に戻し、色を取り戻そうとするにも関わらず、観客の頭からは色あせたホテルのイメージが離れない。「それは魅力的な廃墟だったが、二度と目にすることはなかった」と作家である語り手は残念そうに話す。それから長い年月が過ぎ、赤レンガの壁で囲まれたオールド・ルッツ墓地で、観客は彼の夢に存在していたグランド・ブダペスト・ホテルは、もはや存在しないのだと悟る。しかし空想の旅人はいつでも、老作家に敬意を示すことができる。墓地の中央には彼の銅像が立ち、石の台座にはホテルの鍵が掛かっている。グランド・ブダペスト・ホテルに関しては、キャンディーピンクの本のページの間に、栄光の名残りがある。ひとたび想像を働かせれば、訪れることができるのだ。もう一度、小さな可愛い登山列車に乗って、丘の斜面をいこうではないか。🗝

アンニュイ゠シュール゠ブラゼ土産

タイムマシン

ウェス・アンダーソンが映画セットに仕立ててきた数多くの場所のうち、最大量のディテールが詰め込まれているのは間違いなく、アンニュイ゠シュール゠ブラゼだ。好奇心に満ちた観客の目には、魅惑の魔法であり、挑戦でもある。『グランド・ブダペスト・ホテル』が印象的なパステルカラーのお菓子なら、『フレンチ・ディスパッチ ザ・リバティ、カンザス・イヴニング・サン別冊／The French Dispatch of the Liberty, Kansas Evening Sun』（以下『フレンチ・ディスパッチ』）は日曜の伝統的なフランスの家庭料理だ。ゆったりと、満腹を超えるまで味わう。

（そもそもあったかどうかすらわからない）パリの幻想が消え去ったアンニュイ゠シュール゠ブラゼには、大量の秘密、細かいグラフィック、ビジュアル要素、装飾がびっしり詰まっている。残らずリストすることなど、とうていできはしない。こだわりが過ぎることで知られるウェス・アンダーソンは、作品のたびに高まる、ディテールへの飽くなき欲求をあらわにする。しかし、監督は絵のようなシーンをセットアップし、それを見せるだけでは終わらない。それどころか、美術装飾の断片に至るどんなに小さいアイテムも、大きいストーリーあるいは拡張世界の一部にしてしまう。そうした断片たちは、鋭い観客の目に見いだされるのをじっと待っているのだ。伝統に彩られた古い街アンニュイ゠シュール゠ブラゼは、かつては職人たちの村だった。街路ごとに（そしてウェス・アンダーソンの想像に）宿るすべての物語を思い浮かべてみようとするだけで、頭がクラクラしてくる。薬局の前にある、ちっぽけでへんてこなニューススタンドですら、数えきれない新聞や雑誌が並んでいる。ちょっと立ち寄ってみよう……

ともあれアンニュイ゠シュール゠ブラゼを最も端的に説明しているのは、エルプサン・サゼラックによる記事「自転車レポーター」(「地域の情報」セクション、フレンチ・ディスパッチ誌 3〜4 ページ)である。ベレー帽で自転車に乗るこのジャーナリストは、この魅力的な小さい街に迷い込みたい人には理想のガイドだ。自転車のヘッドライトには、メモ帳がしっかりと取り付けられている。さあ、私たちも自転車に乗って、エルプサン・サゼラックのフレンチサファリに同行しようではないか。編集者のいう、この街の "動物たち" を見に行こう。

サゼラックは私たちにこう警告する。長い日曜の休息が終わると、アンニュイは「月曜に突然目覚める」と。まるで街のすべてが、ぴったり同じ時刻に呼び集められているようだ。週末に溜まっていた水を吐き出すかのように、水路が突然流れ出すまさしくこの瞬間、いっせいにすべての時が進み出す。街全体の目覚まし時計や時計がシンクロしているようだ。とっくに起きているはずのパン職人まで、この瞬間を待っている。サンテ通りの突き当り、12番地、建物の正面に「Pains grillés(トースト)」と描かれた店から出てくると、シャッターを開け、オーブンから出したての温かいパン、ブリオッシュ、クロワッサンを売り始める。イヌは通りを駆けまわり、あるいは吠え、女性は窓辺でカーペットのほこりをたたき落とす。男性はパイプに火を付け、あるいはベンチに腰かけておしゃべりをはじめ、刃物を研いだり、月曜の朝刊を読んだりしている。アンニュイ゠シュール゠ブラゼは、演劇や映画のなかだけに存在する街なのだろうか？ 劇場の幕が上がるとき、あるいは監督の「アクション！」の声がかかるときを辛抱強く待ち、その合図でざわめき出すのだろうか？ それとも、単純に習慣が根付いているだけなのだろうか？ 変化のない日常を繰り返すこの街

も、長い年月をかけて大きく変わった。オレンジ色の自転車に乗ったジャーナリストが教えてくれるように、変わっていないのは地区の名前だけだ。ともあれ、ガイドに付いていくことにしよう。

「ポエティックライセンスというタイムマシンのおかげで、規則を逸脱し、観光をお楽しみいただけます。アンニュイのある1日の250年を見ることができますよ」。迷路のような石畳の街を走りながら、サゼラックが案内する。

靴磨き道具を持つ子どもたちが大勢いる薄汚れた通り、ブーツブラックディストリクト（靴磨き地区）は、きれいな靴修理店とオテル・ドゥ・ショスュールのきれいなファサードに代わった。「靴のホテル」と名付けられたそのホテルには、温水と冷水、朝食、家族全員で宿泊できるさまざまな広さの部屋がある。支払い方法も多様で、カフェバー、セントラルヒーティングなどが、安価で提供される。要するに、すべて揃った近代施設だ。迷い込んだ旅人には、なんとも明るい報せではないか。玄関のすぐ横にとまっている卵黄色の可愛いシトロエンは、フランス産業の繁栄のシンボルだ。50～60年代フランスへの郷愁に満ちた、ゴダール風の魅力的な画がこれで完成する。目ざとい観客なら、子どもたちと道具箱が、通りがかりに利用するコイン式自動靴磨き機に代わっていることにお気付きだろう。これもまた、近代化の恩恵である。一方でブリックレイヤークォーター（レンガ職人街）は、痕跡すら残っていない。ナイトクラブ「ラ・ブリック・ルージュ（赤レンガ）」ができ、名前と同じ赤のネオンサインが光る。

時の試練と街の都市政策を生き残ったのは、ここでは石畳だけだ。ブッチャーアーケード（肉屋通り）はメトロの駅の入口に変わったが、アバトワー（食肉処理場）という気の利いた駅名が付いている。ぶら下がった動物の死体と鋭利な包丁が、狭いブースでじっとしている若い検札係に変わった。不愛想な肉屋たちとはかけ離れた、フランソワ・トリュフォーの映画から抜け出してきたような顔の若者だ。ピックポケット・コルデサック（スリの袋小路）の雰囲気は、当時と変わらない。相変わらずいかがわしく、飛び出しナイフやメリケンサックをポケットに忍ばせた悪党や、パンクな若者たちが集まっている。服装だけはブレザーやベレー帽から、レザージャケットに変わった。ここでも、鋭い観客は気付くだろう。かつては窓からぶら下がる洗濯物で隠れていた壁は、落書きでいっぱいだ。時代とともに、街の住民がこの下層社会の路地から出て行った証である。最後に、エルブサン・サゼラックは、ガラスと鋳鉄製の大屋根の食品市場は取り壊され、じきに多層階のショッピングセンターと駐車場になる予定だと話す。時間の経過と街の変容に対する評価は、各人に委ねよう。この街では、意見が分かれている。

さて、メトロに乗って二等車に座ろう。列車はマーヴィル駅を通過したところだ（フロップクォーター線アバトワー駅の後）。レポーターは警告する。「活気ある街ではどこもそうですが、アンニュイも害獣や腐食動物を飼っています」。地下には大量のネズミが巣くい、斜めのトタン屋根にはネコたちが棲みつき、浅い排水路ではウナギが静かに群れている。良くも悪くも、住民と生活を共にするたくさんの"動物たち"である。さて、貧乏学生が集まるカフェ、ル・サン・ブラーグに到着だ。フロップクォーター（休息街）は抗議運動の本拠地。音楽、笑い声、熱のこもった議論が遠くまで響き渡る。この活気ある若者の街と、その先のホウルディストリクト（老人の

街)とはまったく対照的だ。その2つの対比こそが、まさしく核心なのだ。続いてフートリエ通りに向かう路線バスに乗り込む。フートリエはかつて情熱にあふれていた学生たちが、挫折し、一文無しの老人となって住む場所だ。

近代都市の要素すべてが揃ったアンニュイ＝シュール＝ブラゼの道路はいつも渋滞だ。ガイドが認めるように、自動車には良いところも、悪いところもある。ラッシュアワーには、騒音、エンジンの爆発音、クラクション、ガタガタ走るクルマ、有毒ガスに大気汚染。無謀なドライバーと重大事故は言うまでもない。歩行者とサイクリストは、どうぞ気を付けて！ 夜になると、労働の1日を終えて休息に向かう実直な商売人たちに代わって、まったく別の人種が出現する。魅惑的かつ個性的な売春婦や男娼が道のあちこちに立ち、淫靡な空気が通りや袋小路に漂う。"実際の"アンニュイ＝シュール＝ブラゼの短いガイドツアーはここまでだが、その前にはブラゼ川から引き上げられる遺体の数(週平均8.25体)を数え、刑務所や公衆小便器を通り過ぎる。「下品すぎじゃないか？」と編集長は心配する。場面はフレンチ・ディスパッチ誌の編集室だ。ここでも、キャラクターによる語りが物語の一部になっている。下品か魅力的かに関わらず、エルブサンの記事は、アンダーソン作品と同じく、過ぎゆくときへの愛着で占められている。時間の経過は、誰にも抗うことはできない。もちろん、過ぎし日の小さなアンニュイ＝シュール＝ブラゼはもう存在しない。しかし、失われた世界を訪れる唯一の方法は、やはり書くことのようだ。グランド・ブダペスト・ホテルがそうだったのを思い出してほしい。現在の物語に過去の物語を埋め込むことはつまり、"規則を逸脱する"方法であり「詩人に与えられた特権(ポエティックライセンス)」なのだ。それこそが、"タイムマシン"である。

最後に、もう一度エルブサン・サゼラックの言葉を引用しよう。「夜を遮る音とは、そしてそれらが予言する謎とは？ 疑わしい格言が、真実を言い当てているのかもしれない。気高い美女は、心の奥底にある秘密を決して明かさない」。これがアンニュイ＝シュール＝ブラゼの営みである……公衆小便器が備えられた街ではあるが。

ニューペンザンス島土産
ロビンゾナーデ

ニューイングランド沖の小さい離島。ニューペンザンス島のはずれ、海のすぐそばに、ビショップ家の赤と白の家が立っている。まるで風見鶏のように、その家の一番高いところに陣取ったスージーは、落ち着かない目つきで水平線を見渡している。ここは、島の最北端のひとつ、サマーズエンド。整然とした白いフェンスに囲まれたこのドールハウスのような赤い木造の家も、サマーズエンドと呼ばれている。映画の冒頭から登場する"夏の終わり_{サマーズエンド}"という憂鬱な名前が、『ムーンライズ・キングダム／Moonrise Kingdom』は、子ども時代特有の切ない物語だと伝えている。夏休みが終わり、太陽は沈み、ゲームをして遊んだ午後は思い出となる。夏の終わり、無邪気さに思春期の不安の影が忍び寄るころ、スージーはサムからの最後の手紙を待っている。

岩だらけの海岸に上陸する前に、ナレーターのボブ・バラバンが島の地理に関する基本情報を淡々と語る（彼は、この島の図書館員兼教員である）。ニューペンザンス島は、ブラック・ビーコン海峡の端にある、長さおよそ26キロの小さい島だ。あたりの島はほとんどが無人で、樹齢数百年のマツとカエデが生えるだけ。ひとり暮らしの猟師が数人、住む程度だ。島の先住民にちなんで名付けられたチックチョー族区域には、多くの道標が立てられ、（やる気さえあれば）楽しめるハイキングコースになっている。舗装された道路はないが、数キロにわたり、細く曲がりくねった踏み分け道が伸びている。郵便は小型飛行機で島に届けられ、ストーン・コーブ湾からのフェリーは1日2便だ。ニューペンザンス島の住人たちは、騒がしい世界から隔絶された、平和な生活を送っている。図書館、教会、そして桟橋

の端にポツンと建つ小さい警察署まで、生活に必要な設備はすべてそろっているのだ。この架空の島を表現するために、ウェス・アンダーソンと彼のチームは、険しい峡谷、なだらかな草原、岩の多い入り江、浜辺、森のある、ロードアイランドの広々とした海岸線を選んだ。ナガランセット湾、ヤグーキャンプ場、ニューポートの歴史的なトリニティー教会、コナニカット島灯台（かつての灯台が、しばらくの間スージー・ビショップの家になった）といったところが、主な撮影地となった。

新世界への海上ルートにあったニューペンザンス島は、その昔、重要な寄港地だった。開拓者たちによる想像で彩られたこの島で、チックチョー族が季節ごとに移動したルートを、まるで時間をさかのぼるようにたどる2人。文明を捨て、世界の果ての彼らだけの浜辺に住むことを決意する。理想を求め、失われた楽園を探す冒険に導かれるように、人気のない入り江にたどり着く。新世界に到達した冒険家のように、彼らは自分たちの領土を主張して激しく叫ぶ。サムとスージーは、ついに大人の手がとどかない場所、2人だけの島で、シンプルかつ無垢な世界（愛の聖域）を築いていくのだという、喜びの幻想に包まれる。小さなニューペンザンス島のすべてが、ロビンソン・クルーソーのような生活（ロビンゾナーデ）への憧れを刺激する。ロビンソン・クルーソーの影響を受けて花開いた小説のサブジャンル、ロビンゾナーデは冒険小説の一種だ。1719年にダニエル・デフォーの小説が出版されてからというもの、難破船の船員たちは次々に神秘の島に漂着してきた。ロビンゾナーデは世の起源に立ち返り、新しい文明を築こう（よって過去の間違いを正そう）というたくさんの主人公たちにとって、天からの恵みなのだ。世の起源に戻され、新たな運命を切り開くために召喚された人類の物語を語る、哲学的かつ社会的な寓話だ。ロビンゾナーデは間もなく児童文学にもなった。フランス人作家ジャン＝ジャック・ルソーが「エミール、または教育について」で"自然教育"に関する最も成功した研究論文だとしたことが、これに拍車をかけたのであろう。

子どもたち自身が、ロビンゾナーデの主人公になることもあった。「グラント船長の子供たち」(1868年)で船長の子どもメアリとロバートを登場させたジュール・ヴェルヌは、「十五少年漂流記」(1888年)で子どもたちの一団を置き去りにした。しかし、感情の爆発や冷酷なボーイスカウトたちが登場することから、『ムーンライズ・キングダム』には、ウィリアム・ゴールディングの「蠅の王」(1954年。1963年には映画化)の大きい影響が伺える。「蠅の王」では、漂着した子どもたちが、暴力によって支配される社会をつくりあげていく。しかしサムとスージーに芽生える思春期の感情面に注目すれば、1980年に映画化された「青い珊瑚礁」で孤島に取り残された、エメラインとリチャードを思い出すべきだろう。

自分たちの理想の世界をつくりたいサムとスージーのロビンゾナーデは、そう長くは続かない。逃げようとしても、この島ではつかまる確率の方がずっと高い。朝になって大人たちが2人を見つけると、まるで2人の気分に同調するように空が暗くなる。今にも雷雨になりそうだ。2日後、島では大洪水が発生し、住民に襲い掛かる。嵐の到来は、シェークスピア作品や聖書にもあるように、純真さの喪失という大きい危険の予兆である。『ムーンライズ・キングダム』は陽気な映画のようでいて、実際にはそうではない。常軌を逸した行動をする、まるで夢の中にいるようなこの2人の状態は、タイトルがよく表している。映画で口にされることはないが、サムとスージーがキャンプを設営した入り江が「ムーンライズ・キングダム」だ。地図上では、"3.25 海里 潮流口"と記されているその浜辺は、2人にとっては秘密の王国だ。2人で名前を付けると、それを白い石で大きく書いた。入り江に名前を付けたことで、まるでスージーのお気に入りのファンタジー小説から抜け出してきたような、魔法の場所になる。闇の力が大きくなる世界にあって、空想の飛び地のような場所なのだ。一昼夜にわたる、幸せな純真さへの逃亡。大人になる前の最後の幕あいである。「C'est le temps de l'amour, le temps des copains et de l'aventure」(愛の時間、友と冒険の時間)と歌うフランソワーズ・アルディの声が青いレコードプレーヤーから流れる。1965年の夏の終わりに、これよりもふさわしい楽曲はないだろう。

ニューヨーク土産

昔々、あるところに街がありました……

ニューヨークは間違いなく、世界でいちばん映画のような街だ。クイーンズボロ橋たもとのロマンチックな散歩から（映画「マンハッタン」）、ジェット団とシャーク団がナイフを取り出す荒れた路地裏まで（映画「ウエスト・サイド物語」）、ニューヨークは映画という空想によってつくられ、さらにはそうした空想が宿る街である。通りを歩けば、オードリー・ヘプバーンの五番街での美しいシルエットや、「タクシードライバー」のトラヴィス・ビックルの夜のいざこざなど、伝説的なシーンがいくつも思い起こされる。ところがニューヨークを散策したことがある誰もが、ウェス・アンダーソンが描き出す奇妙な絵には戸惑うはずだ。

美的観点からは、『天才マックスの世界／Rushmore』では控えめだった監督のこだわりが、『ザ・ロイヤル・テネンバウムズ／The Royal Tenenbaums』では強く発揮されている。その前の気楽な映画『アンソニーのハッピー・モーテル／Bottle Rocket』では、主人公たちと同じく、監督も行く先を決めかねているようだった。3作目の長編映画で、アンダーソン風の型が"スタイル"に進化した。彼の作品だと一目でわかる、風変わりで、古風な美学だ。テネンバウム家の世界をこの超様式化された作品に合わせるため、アンダーソンは当初、スタジオで全編を撮影しようと考えていた。創造力の赴くまま、完全なコントロールが可能になるからだ。しかし最終的には、ニューヨークでの撮影が第一候補になった。厳密には、ニューヨークを架空の街に仕立て、架空の通りをつくり、架空のバスを走らせるというアイデアを選んだのだ。

実際の街を観光スポットのように見せるのではなく、アンダーソンは、ニューヨークに空想の地図を1枚かぶせることにした。現在地を知らせる自由の女神、エンパイヤステートビル、ブルックリン橋のロングショットは登場しない。『ザ・ロイヤル・テネンバウムズ』に街の主要なランドマークがひとつも登場しないのは、ニューヨークだとは自ら名乗らないニューヨークを舞台に、ストーリーが進行するからだ。アンダーソンは語る。「映画ではこの街を一度もニューヨークと呼んではいませんが、ある種のニューヨークでの生活感を求めていました。実際のニューヨークではない、空想上のニューヨークです」。[1] ウェス・アンダーソンは、眠らない街に漂うロマンチックな精神と文学的

---

[1]. 『ザ・ロイヤル・テネンバウムズ』プレス資料, Touchstone Pictures, 2001.

ファンタジーを消すことなく、現実と空想の境界をぼかそうとしたのだ。

このパラレルニューヨークは、正確な住所を持つ地区として設定されている（謎の場所も多少はある）。このニューヨーク市の近隣住区とでも呼ぶべき場所には、ジプシーキャブ社のボロボロのタクシーが走り、監督による架空のランドマークがいくつも足されている。映画の冒頭で、テネンバウムの住居、テネンバウム家が夏を過ごしたイーグル島の別荘、公文書館、2100 北 30 番街のリンドバーグ・パレス（実際は由緒あるウォルドーフ・アストリア）といった場所が紹介されていく。ウェス・アンダーソンはこれらの場所を結ぶ数多くの公共交通機関をつくりあげた。グリーンラインバス、375 番通り Y ライン、そしてマーゴの恋愛遍歴シーンに登場する 22 番街地下鉄急行、アーヴィング島フェリーなど。アーチャー通り 111 番地のテネンバウム家には、実在するニューヨークの大きい建物が使われたが、まるで演劇のセットのように極限まで細かく分割すると、そこをドールハウスのように扱った。「この物語の人物たちは、多かれ少なかれ、文学からの連想やほかの映画のキャラクターからつくりあげられていて、全員がいわば"もうひとつの現実"を生きています。その世界全体を創り上げる過程で、現実感を強めたり、装飾を加えるなどしていきました」[2] とアンダーソンは述べる。制服を着た異質なキャラクターたちは大雑把に描かれる一方で、彼らが住む世界は細部にまで一貫性がある。まさに、ウェス・アンダーソンの類まれな能力は、細部に宿るのだ。

実際のニューヨークでガタガタのジプシーキャブ社のタクシーに乗ることはないし、モッキンバードハイツと呼ばれる地域に足を踏み入れることもない。驚くことに、アンダーソンは街を特定できるすべての特徴をはぎ取るという、この奇妙な状況において、滑稽なディテールや架空の住所を散りばめ、どことなく見覚えのあるニューヨークを描き出してみせたのだ。監督が保持しようと努めているのは、何よりも、文学の引用をつなぎ合わせた、ニューヨークの神話的解釈である。テキサス出身の監督にとって『ザ・ロイヤル・テネンバウムズ』は、ニューヨークを実際に歩いたことがある者ではなく、もっぱらファンタジーという"プリズム"を通してニューヨークを経験した者の視点からのニューヨーク映画なのだ。彼によると「むしろ、理想のアイデアなんです」[3] とのこと。

このひたすら作り込まれた地図に、アンダーソンは、ニューヨークにインスピレーションを得た膨大な神話を取り入れた。すなわち、外国人旅行者がニューヨークに対して抱く、ロマンチックな幻影だ。街の暮らしに慣れる前の人、フィクションがしみ込んだままの人、愛情と退廃で謎の場所をつくりあげようと試みる人にとってのニューヨークだ。このような屈折した関係は、映画制作者を後押しする原動力にもなっている。それは、映画がニューヨークに贈り続けるギフトとも言える。あるがままのニューヨークを称賛すると同時に、フィクションによってつくり変えたニューヨークを称えるのだ。こうした作品には強い説得力があり、集団的想像にしっかり根付くと、現実をゆがめることすらある。現実と神話がひとつになるニューヨーク以上に、現実と想像を編み上げようというウェス・アンダーソンの願望をかなえられる街があるだろうか？⚷

2. 同前。　3. 同前。

海からの土産

海中のがらくた

パリからニューヨークまで、彼だけが知る秘密の国境に囲まれた想像上の国を経由し、地上を探し回るだけでは満足しないウェス・アンダーソン。彼は『ファンタスティック Mr.FOX／Fantastic Mr. Fox』の地下世界や、『ライフ・アクアティック／The Life Aquatic』の水中王国を発見するために、地球の深みにも潜入する。現実世界の地底あるいは水中に、映画制作者が手軽に撮影できる秘密の場所など存在しないことは、おわかりだろう。少なくとも、海洋学者でドキュメンタリー監督のスティーヴ・ズィスーが探検したような場所など実際には存在しない。

しかし、真の深海探検映画に『ライフ・アクアティック（水中の生活）』とはうまいタイトルだ。映画の冒頭ではリーフに生息する珍しい動物が映し出される。海流に揺れる海藻や色とりどりのサンゴのなか、科学者たちには知られていない生物が姿を現す。ウブヤミウェ半島から、ルリシア諸島を経由してペセスパダ島の海洋観測所までの神秘的な海は、素晴らしい海洋生物の宝庫だ。シャチ、シロイルカ、チューインガム色のケイコウ・フエダイ、クレヨン・タツノオトシゴ、バトル・ウナギ、キャンディ・ガニ、ダイヤ・クロマグロ、砂浜に打ち上げられ、潮をぬるぬるさせる電気クラゲ（ベトコン・クラゲの可能性も）、そして最後は、海のプリンス、ジャガーザメである。

この寓話に登場するような生物のほとんどは、アンダーソンの豊かな想像力から生み出された。しかし、古来の伝承物語が、鮮やかな色をまき散らしながらスクリーンに投影されていることは間違いない。子ども時代のアンダーソンのヒーロー、ジャック・クストーの色である。『ライフ・アクアティック』のずっと前から、船長の影響は映画に表れている。『アンソニーのハッピー・モーテル』では壁の肖像画にクストーが描かれ、『天才マックスの世界』では象徴的な本「海底の黄金：海賊の海カリブに消えた秘宝を追う」(Driving for Sunken Treasure)の著者として登場している。しかし、クストー船長のドキュメンタリーに対して抱いた子ども時代の驚きを最もうまく表現しているのは、『ライフ・アクアティック』の"架空の"シーンだ。私たち観客は、テレビ番組を楽しんでいた懐かしい時間へ、あっという間に引き込まれる。アンダーソンは、2つの手段によってこれを実現している。古めかしいサウンドトラック（冒険が始まると、それに合わせてフルートとシンセサイザーの人工的な音楽が流れる）と、ストップモーション技術だ。『ファンタスティック Mr.FOX』でアニメーション映画の冒険に乗り出す数年前から、ウェス・アンダーソンはストップモーションを試そうとしていた。コナン・ドイル原作の「ロスト・ワールド」(1925年)で先史時代の生物に、「アルゴ探検隊の大冒険」(1963年)や「シンバッド七回目の航海」(1958年)では骸骨に生命を吹き込んだのが、ウィリス・H・オブライエンとレイ・ハリーハウゼンの2人の天才によるストップモーション技術だった。自身の映画でストップモーションアニメーションをはじめて実験するにあたり、アンダーソンは、ヘンリー・セリックに協力を

209

仰いだ。この技術に関して誰もが認めるスターであり、傑作「ナイトメアー・ビフォア・クリスマス」の成功においては、ティム・バートンに引けをとらない功績者だ。

ウェス・アンダーソンは、現実を模倣することにおいて、CGIがいかに優れているかは知っている。しかしデジタルエフェクトによるリアリズムは、ほかの同業者に任せている。業界の標準に逆行し、CGアニメーションのリアリズムよりも、ストップモーションによる親密な本物らしさを好む。自分の指で実際に触ることのできる人形よりもリアルなものなど、あるだろうか？「ストップモーションが好きなのは、本当に生きているように見せる優れた方法だからではありません。そうではなく、本当に生きているように見せる、魔法のような方法だと思っているから好きなのです」[1] と監督は話す。彼にとって、これは新しい信念の宣言であり、不信の停止（現実ではないとわかっても、疑うことをやめ、創作世界を楽しむ）の全能性を信じていることを示すものだ。

ストップモーションには、子ども時代の想像力に訴える力がある。おもちゃや人形に生命を与え、ベッドやじゅうたんの上で何時間も遊んでいたときのように。じゅうたんが世界のすべてであり、探検する海であり、征服する惑星であった時代が、誰にもあるはずだ。潜水艦ディープ・サーチを見ればわかるとおり、海洋調査のために設計された潜水艇というより、風呂のおもちゃだ。アニメーションの原点ともいえるこの技術は、『ライフ・アクアティック』において、かつて知ることのなかった、将来知ることもない世界への郷愁をつくり出す。海の奥底に隠された、秘密の世界。そこでは、ノーチラス号を襲う巨大イカや巨大ジャガーザメなど、海の怪物が突如姿をあらわす。絵本から出てきたようなこの水中王国には、神秘的な種が無限に棲んでいる。この海中シーンは、部屋の明かりを消す前に、お気に入りの絵本のページを次々にめくっているようだ。夢のなかでもう一度、小さな黄色の潜水艦に乗り込めますようにと願いながら。⚷

1. Matt Zoller Seitz, The Wes Anderson Collection, Abrams, 2013.

X
ミュージアムショップ

映画監督オーソン・ウェルズはかつてこう言った。「映画の撮影は、少年が持てる最高の鉄道セットだ」。このたとえは、特にウェス・アンダーソンの映画を思い起こさせる。鮮やかな色の列車、ミニチュアの鉄道、まるでドールハウスのような屋敷、潜水艦など、彼の映画には、鍵を見つけたらねじを巻きたくなるおもちゃがいっぱいだ。この言葉は、彼の金細工職人さながらの精密さ、彼が創造する世界への完璧なコントロール、想像の力に対する絶対的な信頼についても当てはまる。この強烈なコントロールの裏で、ウェス・アンダーソンの小さい電車は郷愁を乗せて進んでいく。なつかしい子ども時代、損なわれた無邪気さ、大人の世界から逃亡したいという願望。それらは、あまりに気まぐれで、複雑で、無秩序である。郷愁とはそういうものだ。遅かれ早かれ、私たちは鉄道セットを片付けて、無秩序な外の世界のただなかで生きていかなくてはならない。ウェス・アンダーソンは、ためらうことなく、彼が想像する世界をこのミニチュアの品質でつくりあげる。さらに、映画のたびに、彼の世界は通り、街、大陸、銀河へと拡張していく。ミニチュアだが、広大な世界である。この電車に乗ろうとしないのは、子ども時代の自分との接点をなくしかけている者だけだろう。

アンダーソンの世界展の探索も終わりに近づいてきた。キッチンから漂う匂いを追い、クロークのベルベット生地にそっと触れる。映写室の巨大スクリーンの前を通り過ぎ、最大の音量で音楽を鳴り響かせるオーディトリアムを横切り、ライブラリーの棚に並ぶ古典の名著をパラパラとめくる。そして秘密の部屋に行く道を見つけたら、見学は終わりだ。これまでたどってきた展示と同じく、空想上の終わりである。この旅は、好きなだけ延長でき、好きなだけ遠くに行ける。実際、ウェス・アンダーソンの作品は1冊の本にはとても収まらない。彼の世界はあまりに広く、パレットにはあらゆる色があふれ、個性豊かなキャラクターが無数に登場する。そのうえ、ディテールは無限だ。これからは、あなた自身の空想博物館をつくり、その中に自分なりのリファレンス、お気に入りのアイテム、鋭い観察結果を保管してはどうだろうか。冒険の旅を続け、この空想博物館をさらに充実させていくのは、読者のみなさんだ。本書はその旅への招待状にすぎない。ノートと鉛筆をお忘れなく（みなさんはもうお持ちだろうが）。万が一、手元になければ、ぜひミュージアムショップに立ち寄ってほしい。ズブロフカ共和国、ルッツの職人から直接仕入れた、素晴らしい文房具に出会える。

家路につく前に腹ごしらえはいかがでしょう。
ミュージアムの向かいに、
カフェ・オー・ボン・ブール（おいしいバターの意）があります。
入場チケットを見せると、日替わりメニューが3ドル引きになります。

COPYRIGHT AUGIE STEENBECK
COURTESY OF FRENCH PRESS INTERNATIONAL
SERVICE-WIRE / PHOTO-AGENCY

クレジット：表紙：Fox searchlight pictures - Mary Evans Picture Library Ltd - Alamy Stock Photo P7: Zvonimir Atleti - Alamy Stock Photo / The Hollywood Archive - Alamy Stock Photo P8: Touchstone pictures - Maximum Film - Alamy Stock Photo P10 -11: Fox Searchlight Pictures-Collection Christophel P12: Scott Rudin Productions - Indian Paintbrush - Studio Babelsberg - DR Photo Martin Scali - Collection Christophel P13b: Some Wonderful Old Things - Alamy Stock Photo P13t: Moviestore Collection Ltd - Alamy Stock Photo P13c: Scott Rudin Productions - Indian Paintbrush - Studio Babelsberg - DR Photo Martin Scali Collection Christophel P14: Touchstone pictures - AJ Pics - Alamy Stock Photo P16h: kpa Publicity Stills - United Archives GmbH - Alamy Stock Photo P16b: kpa Publicity Stills- United Archives GmbH - Alamy Stock Photo P17: Columbia Pictures Corporation - Entertainment Pictures - Alamy Stock Photo P18tl: Ronald Grant Archive - Alamy Stock Photo P18tr: Columbia Pictures Corporation - Gracie films - Collection Christophel P18bl: Columbia Pictures Corporation - Entertainment Pictures - Alamy Stock Photo P18br: Columbia Pictures Corporation - Gracie Films - Collection Christophel P19: Columbia Pictures Corporation - Gracie Films - Collection Christophel P20t: Blank Archives-Getty Images P20b: American Empirical Pictures - Moonrise - Collection Christophel P21t: Harry Kerr - BIPs - Getty Images P21b: Silver Screen Collection - Getty Images P22t: American Empirical Pictures - Moonrise - Collection Christophel P22c: American Empirical Pictures - AJ Pics Alamy Stock Photo P22b: Focus Features-Entertainment Pictures - Alamy Stock Photo P23: Focus Features - PictureLux - The Hollywood Archive - Alamy Stock Photo P24-25: American Empirical Pictures - Cine Mosaic - Indian Paintbrush - Scott Rudin Productions - Collection Christophel P26: American Empirical Pictures - Cine Mosaic - Indian Paintbrush - Scott Rudin Productions Collection Christophel P27: 20th Century Fox - AJ Pics - Alamy Stock Photo P28: Touchstone pictures- AJ Pics - Alamy Stock Photo P29t: Steve Powell - Allsport - Getty Images P29c: Touchstone pictures - AJ Pics - Alamy Stock Photo P29b: Touchstone pictures - Cinematic Collection - Mary Evans Picture Library Ltd - Alamy Stock Photo P31t: Colaimages - Alamy Stock Photo P31b: NZ Touchstone pictures - Collection Christophel P32-33: Focus Features - Entertainment Pictures - ZUMAPRESS.com - Alamy Stock Photo P34-35: 20th Century Fox - Moviestore Collection Ltd - Alamy Stock Photo P37: Ullstein Bild via Getty Images P38: Culture Club - Getty Images P39: Glenn Harper - Alamy Stock Photo P41: Keystone Press - Alamy Stock Photo P42: Collection Christophel P43: Hulton Archive - Getty Images P44: Chris Dorney - Alamy Stock Photo / CBS Photo Archive - Getty Images P45: CBW / Alamy Stock Photo P46: Glenn Harper - Alamy Stock Photo P47: Hulton Archive - Getty ImagesP48: United Archives GmbH - Alamy Stock Photo P51: American Empirical Pictures - Moonrise - Collection Christophel P52t: Print Collector - Getty Images P52b: Bridgeman via Getty Images P53t: American Empirical Pictures - Moonrise - Collection Christophel P53b: American Empirical Pictures - Moonrise - Collection Christophel P54: Searchlight Pictures - American Empirical Pictures - Indian Paintbrush - Studio Babelsberg - Collection Christophel P55tl: Retro AdArchives - Alamy Stock Photo P55tr: Apic - Getty Images P55b: Searchlight Pictures American Empirical Pictures - Indian Paintbrush - Studio Babelsberg - Collection Christophel P56: Searchlight Pictures - American Empirical Pictures - Indian Paintbrush - Studio Babelsberg Collection Christophel P58: Searchlight Pictures - American Empirical Pictures - Indian Paintbrush - Studio Babelsberg - Collection Christophel P60 t and b: LMK MEDIA LTD - Alamy Stock Photo P61: Searchlight Pictures - American Empirical Pictures - Indian Paintbrush - Studio Babelsberg - Collection Christophel P62: Searchlight Pictures - American Empirical Pictures - Indian Paintbrush Studio Babelsberg - Collection Christophel P63: American Empirical Pictures - Moonrise - Collection Christophel P65: LANDMARK MEDIA - Alamy Stock Photo P68-69: Searchlight Pictures American Empirical Pictures - Indian Paintbrush - Studio Babelsberg - Collection Christophel P72: Entertainment Pictures - Alamy Stock Photo P73t: Entertainment Pictures - Alamy Stock Photo P73b: Touchstone Pictures - American Empirical Pictures - Scott Rudin Productions-Collection Christophel P76: Scott Rudin Productions- Indian Paintbrush -Studio Babelsberg - DR Photo Martin Scali - Collection Christophel P77: FOX SEARCHLIGHT PICTURES - Mary Evans Picture Library Ltd - Alamy Stock Photo P78: Collection Christophel P79: United Archives GmbH - Alamy Stock Photo P80: Touchstone Pictures - American Empirical Pictures - Collection Christophel P81: Touchstone pictures - PictureLux - The Hollywood Archive - Alamy Stock Photo P82-83: Moviestore Collection Ltd - Alamy Stock Photo P84h: Scott Rudin Productions - Indian Paintbrush - Studio Babelsberg - DR Photo Martin Scali - Collection Christophel P84c: Fox Searchlight Pictures -AJ Pics Alamy Stock Photo P84b: Pictorial Press Ltd - Alamy Stock Photo P85: Fox Searchlight Pictures - Maximum Film - Alamy Stock Photo P86: Fox Searchlight Pictures - AJ Pics - Alamy Stock Photo P87: American Empirical Pictures - Cine Mosaic - Indian Paintbrush - Scott Rudin Productions - Collection Christophel P88t: Entertainment Pictures - Alamy Stock Photo P88b: Touchstone pictures - AJ Pics - Alamy Stock Photo P89t: Touchstone pictures - AJ Pics - Alamy Stock Photo P89b: Touchstone pictures - AJ Pics - Alamy Stock Photo P90: Entertainment Pictures - Alamy Stock Photo P91t: Eric Vandeville - Abaca Press - Alamy Stock Photo P91b: Collection Christophel P92: Searchlight Pictures - Moviestore Collection Ltd - Alamy Stock Photo P94: Searchlight Pictures - American Empirical Pictures - Indian Paintbrush - Studio Babelsberg - Collection Christophel P96t: Touchstone pictures - RGR Collection - Alamy Stock Photo P96b: PictureLux - The Hollywood Archive - Alamy Stock Photo P98: Touchstone pictures - AJ Pics - Alamy Stock Photo P99t: Touchstone pictures - Maximum Film - Alamy Stock Photo P99ct: LANDMARK MEDIA - Alamy Stock Photo P99cb: Fox Searchlight Pictures - Collection Christophel P99b: Searchlight Pictures - American Empirical Pictures - Indian Paintbrush - Studio Babelsberg - Collection Christophel P100: Fox Searchlight Pictures - Entertainment Pictures - Alamy Stock Photo P101: Fox searchlight pictures - Indian paintbrush - Collection Christophel P102t: Fox searchlight pictures - Indian paintbrush - Collection Christophel P102b-103b: Fox searchlight pictures - Indian paintbrush - Collection Christophel P103t: Fox searchlight pictures - Indian paintbrush - Collection Christophel P104-105: LANDMARK MEDIA - Alamy Stock Photo P109t: Scott Rudin Productions - Indian Paintbrush - Studio Babelsberg - DR Photo Martin Scali - Collection Christophel P109b: Fox searchlight pictures - Mary Evans Picture Library Ltd - Alamy Stock Photo P111: American Empirical Pictures - Cine Mosaic - Indian Paintbrush - Scott Rudin Productions - Collection Christophel P112: Searchlight Pictures - American Empirical Pictures - Indian Paintbrush - Studio Babelsberg - Collection Christophel P114: Marc TULANE - Gamma - Rapho via Getty Images P115t: 20th Century Fox American Empirical Pictures - Indian Paintbrush - Scott Rudin Productions - Studio Babelsberg - Collection Christophe P115c: The Asahi Shimbun via Getty Image P115b: Fox Searchlight Pictures - Indian paintbrush - Collection Christophel P117: Moviestore Collection Ltd - Alamy Stock Photo P118: LANDMARK MEDIA - Alamy Stock Photo P121: Collection Christophel P123: LANDMARK MEDIA - Alamy Stock Photo P125: LANDMARK MEDIA - Alamy Stock Photo P126-127: FOX SEARCHLIGHT PICTURES - Mary Evans Picture Library Ltd - Alamy Stock Photo P129: Keystone France - Gamma - Rapho via Getty Images P130t: Keystone Press - Alamy Stock Photo P130b-131b: JT Vintage - Glasshouse Images - Alamy Stock Photo P131t: PICOT - Gamma - Rapho via Getty Images P132t: MGM - Collection Christophel P132b: FOX SEARCHLIGHT PICTURES - AJ Pics - Alamy Stock Photo P133: Smith Archive - Alamy Stock Photo P134: PictureLux - The Hollywood Archive - Alamy Stock Photo P135t: Gijsbert Hanekroot - Alamy Stock Photo P135b: Pictorial Press Ltd - Alamy Stock Photo P136: Paul Helm Art - Alamy Stock Photo P137: Popperfoto via Getty Images P138t: LANDMARK MEDIA - Alamy Stock Photo P138b: American Empirical Pictures - Moonrise - Collection Christophel P139: Alamy Stock Photo P140: Focus Features-Entertainment - Pictures ZUMAPRESS.com - Alamy Stock Photo P141: Entertainment Pictures - Alamy Stock Photo P142t: RGR Collection - Alamy Stock Photo P142b: Touchstone Pictures - American Empirical Pictures - Collection Christophel P144-145: Entertainment Pictures - Alamy Stock Photo P147: FOX SEARCHLIGHT PICTURES - AJ Pics - Alamy Stock Photo P148h: Touchstone Pictures - American Empirical Pictures - Scott Rudin Productions - Collection Christophel P148ct: Collection Christophel P148 cb: Searchlight Pictures - American Empirical Pictures - Indian Paintbrush - Studio Babelsberg Collection Christophel P148b: Scott Rudin Productions - Indian Paintbrush - Studio Babelsberg - DR Photo Martin Scali-Collection Christophel P149: Columbia Pictures Corporation - Gracie films - Collection Christophel P150: Touchstone pictures - Cinematic collection - Mary Evans Picture Library Ltd - Alamy Stock Photo P151: Fox Searchlight Film - Pictorial Press Ltd - Alamy Stock Photo P153: Pictorial Press Ltd - Alamy Stock Photo P154-155: Focus Features - Entertainment Pictures - Alamy Stock Photo P158: R D BANSHAL & CO - Ronald Grant Archive - Alamy Stock Photo P159: American Empirical Pictures - Moonrise - Collection Christophel P160: AMERICAN EMPIRICAL PICTURES - Maximum Film - Alamy Stock Photo P162: Paramount film - Pictorial Press Ltd - Alamy Stock Photo P163t: NZ - Collection Christophel P163c: Paramount Pictures - PictureLux - The Hollywood Archive - Alamy Stock Photo P163b: Paramount Pictures - PictureLux - The Hollywood Archive - Alamy Stock Photo P164: RKO Radio Pictures - PictureLux - The Hollywood Archive - Alamy Stock Photo P165: Ronald Grant Archive - Alamy Stock Photo P166: RKO RADIO PICTURES - Ronald Grant Archive - Alamy Stock Photo P167t: TOUCHSTONE Pictures - Cinematic Collection - Mary Evans Picture Library Ltd - Alamy Stock Photo P167b: RGR Collection - Alamy Stock Photo P198: Play Art Filmsonor - Titanus-Collection Christophel P169: Scott Rudin Productions - Indian Paintbrush - Studio Babelsberg - DR Photo Martin Scali-Collection Christophel P170: Collection Christophel P171: Buena Vista film - Pictorial Press Ltd - Alamy Stock Photo P172: NZ - Collection Christophel P173: Touchstone Pictures - PictureLux - The Hollywood Archive - Alamy Stock Photo P174: RnB - Zoetrope Studios - United Artists - Collection Christophel P175t: RnB - Zoetrope Studios - United Artists - Collection Christophel P175b: RnB - Zoetrope Studios - United Artists Collection Christophel P176: RnB - Zoetrope Studios - United Artists-Collection Christophel P177: RnB - Zoetrope Studios - United Artists - Collection Christophel P179: Warner Bros. - Collection Christophel P180t: FlixPix - Alamy Stock Photo P180b: Warner Bros.- Collection Christophel P182-183: LANDMARK MEDIA - Alamy Stock Photo P187: 20TH CENTURY FOX-Moviestore Collection Ltd - Alamy Stock Photo P188: American Empirical Pictures - Cine Mosaic - Indian Paintbrush - Scott Rudin Productions - Collection Christophel P189: American Empirical Pictures - Cine Mosaic - Indian Paintbrush - Scott Rudin Productions - Collection Christophel P190t: Collection Christophel P190b: American Empirical Pictures - Cine Mosaic - Indian Paintbrush - Scott Rudin Productions - Collection Christophel P191t: American Empirical Pictures - Cine Mosaic - Indian Paintbrush - Scott Rudin Productions -Collection Christophel P191b: American Empirical Pictures - Cine Mosaic - Indian Paintbrush - Scott Rudin Productions - Collection Christophel P192-193: SuperStock - Alamy Stock Photo P196: FOX SEARCHLIGHT PICTURES - Maximum Film - Alamy Stock Photo P197: FOX SEARCHLIGHT PICTURES - Mary Evans Picture Library Ltd - Alamy Stock Photo P198: FOX SEARCHLIGHT PICTURES - Mary Evans Picture Library Ltd - Alamy Stock Photo P199: LMK MEDIA LTD - Alamy Stock Photo P201: Searchlight Pictures - American Empirical Pictures - Indian Paintbrush - Studio Babelsberg - Collection Christophel P202: 20th Century Fox - The Hollywood Archive - PictureLux - Alamy Stock Photo P204-205: Pump Park Vintage Photography - Alamy Stock Photo P206: TOUCHSTONE Pictures - Mary Evans Picture Library Ltd - Alamy Stock Photo P208: Touchstone Pictures - American Empirical Pictures - Scott Rudin Productions-Collection Christophel P209tl: Touchstone Pictures - American Empirical Pictures - Scott Rudin Productions - Collection Christophel P209tr: GRANGER - Historical Picture Archive - Alamy Stock Photo P209b: TOUCHSTONE PICTURES - AJ Pics - Alamy Stock Photo P210-2011: Paul Popper - Popperfoto via Getty Images P212-213: FOX SEARCHLIGHT - Moviestore Collection Ltd - Alamy Stock Photo

LE MUSÉE IMAGINAIRE DE WES ANDERSON
by Johan Chiaramonte and Camille Mathieu

Published in the French language originally under the title:
Le Musée imaginaire de Wes Anderson

© 2023, Éditions Gründ, an imprint of Édi8, Paris, France.

Japanese translation published by arrangement with Éditions Gründ, an imprint of Édi8 through The English Agency (Japan) Ltd.

Japanese Translation Copyright © 2025 by Born Digital, Inc. All rights reserved.

■ ご注意

本書は著作権上の保護を受けています。論評目的の抜粋や引用を除いて、著作権者および出版社の承諾なしに複写することはできません。本書やその一部の複写作成は個人使用目的以外のいかなる理由であれ、著作権法違反になります。

■ 責任と保証の制限

本書の著者、編集者、翻訳者および出版社は、本書を作成するにあたり最大限の努力をしました。但し、本書の内容に関して明示、非明示に関わらず、いかなる保証も致しません。本書の内容、それによって得られた成果の利用に関して、または、その結果として生じた偶発的、間接的損傷に関して一切の責任を負いません。

■ 商標

本書に記載されている製品名、会社名は、それぞれ各社の商標または登録商標です。本書では、商標を所有する会社や組織の一覧を明示すること、または商標名を記載するたびに商標記号を挿入することは、行っていません。本書は、商標名を編集上の目的だけで使用しています。商標所有者の利益は厳守されており、商標の権利を侵害する意図は全くありません。

ウェス・アンダーソンの世界展
The Museum of Wes Anderson

2025年 2月25日　　初版第1刷発行

著　　者　ヨハン・キアラモンテ、カミーユ・マチュー
発 行 人　新 和也
翻　　訳　株式会社 B スプラウト／ラッセル・グドール
編　　集　平谷 早苗
発　　行　株式会社 ボーンデジタル
〒102-0074
東京都千代田区九段南 1-5-5　九段サウスサイドスクエア
Tel：03-5215-8671　　Fax：03-5215-8667
https://www.borndigital.co.jp/book/
お問い合わせ先：https://www.borndigital.co.jp/contact

カバーデザイン　松本 敦子（Rhino inc.）
レイアウト　中江 亜紀（株式会社 B スプラウト）
印刷・製本　シナノ書籍印刷株式会社

ISBN：978-4-86246-627-3
Printed in Japan

価格は表紙に記載されています。乱丁、落丁等がある場合はお取り替えいたします。
本書の内容を無断で転記、転載、複製することを禁じます。

謝 辞

私たちを信頼してくれたリュック＝エドゥアール・ゴノに感謝します。
そしてもちろん、インスピレーションを与えてくれたウェス・アンダーソン監督と、
監督作品のキャラクターたちに心からの感謝を。

ヨハン：ロマン・コッポラ、ヴァレンティン・アルターシッツ、ロジャー・ド・ミンに感謝します。
日曜午後の映画クラブの記念に、本書をロジャーの娘のヴァレンティーナに捧げます。

カミーユ：イラストでページを彩ってくれたクレアと、ブルターニュの家を作家専用
レジデンスのようにしてくれた母に感謝します。本書を叔父ローランの思い出に捧げます。
空想博物館の散歩を楽しんでくれたら、という願いを込めて。

ご来館ありがとうございました